An dTuigeann Tú É? Anois

Caint agus Cluastuiscint don Teastas Sóisearach-Gnáthleibhéal

2

Ruaidhrí Ó Báille

Leagan Nua:
Cluastuiscint Leasaithe + Béaltriail

Foilsithe ag
CJ FALLON
Bloc B – Urlár na Talún
Campas Oifige Gleann na Life
Baile Átha Cliath 22

An Chéad Eagrán Meitheamh 2011
An tEagrán seo Bealtaine 2014

Clóbhuailte ag
Turner Print Group
Sráid an Iarlaí
Longfort

Nóta do mhúinteoirí

B'ábhar mór díomá dom, nuair a tugadh an Teastas Sóisearach isteach nach raibh aon socrú réadúil ann le haghaidh scrúdú cainte. B'iontach liom i gcónaí go bhféadfadh daltaí staidéar a dhéanamh ar theanga ar feadh tuairim is trí bliana déag, ach nach ndéanfaí a gcuid scileanna cainte a mheas go dtí go raibh siad i ngiorracht dhá mhí d'fhágáil na scoile ag aois 17 nó 18!

Agus mé i mo bhall den **Ghrúpa Oibre Speisialta i leith na Gaeilge** a chuir **Micheál Máirtín** le chéile le linn dó a bheith ina Aire Oideachais, chuir mé béim mhór ar an bpointe sin – mar a rinne baill eile an ghrúpa, go deimhin – agus inar dtuarascáil deiridh, mholamar go mór go ndéanfadh *gach* dalta scrúdú cainte mar chuid den Teastas Sóisearach. Ní mar sin a tharla, faraor.

Mar sin féin, creidim go mór gur fiú labhairt na teanga a chur chun cinn ag an leibhéal sóisearach – mura mbeadh ann ach go n-éascaíonn sé an 'ród' go mór don dalta san *Ardteist*. Anois ó tharla 40% de na marcanna a bheith ag dul don chaint san *Ardteist*, is mó ciall ná riamh a fheicim sa chur chuige sin,

Agus an leagan deireanach de **An dTuigeann Tú Anois É?** á chur le chéile agam, rinne mé iarracht freastal ar labhairt na teanga sa mhír **Abair É!** ag tús gach aonaid. Anois, agus na hathruithe úd sa chóras marcála fógartha (méadú ar chéatadán na marcanna don scrúdú cainte 'roghnach' mar aon le *90 marc as 160 a bheith le gnóthú ar an gcomhrá*) – theastaigh uaim breathnú ar an mhír sin den leabhar in athuair le súil is go dtiocfadh an lá nuair a bheadh córas réadúil i bhfeidhm chun cumas labhartha na ndaltaí a thástáil.

Chuige sin, sa mhír **Labhraímis Gaeilge** tá breis cabhrach ann i bhfoirm 'gineadóirí abairtí' a chuirfidh ar chumas na ndaltaí labhairt fúthu féin go muiníneach. D'fhonn tógáil air sin i bhfoirm scríofa atá an mhír **Bí ag Scríobh** ann. Tugann an mhír seo cuireadh don dalta tarraingt ar an méid a réitigh sé/sí don scrúdú cainte chun díriú ar scríobh na teanga.

Tá dhá chuid nua fógraithe don bhéaltriail 'roghnach' – sin iad **an tSraith Pictiúr** agus **an Rólghlacadh**. Tá *roinn iomlán nua* sa leagan úr seo tiomnaithe dóibh sin. Féach *An Bhéaltriail Roghnach* (lgh. 121 – 172)

Ar an gcéad sracfhéachaint, dealraíonn na tascanna nua rud beag deacair. Ach le linn dom a bheith ag plé leo don leabhar seo agus á dtástáil sa rang, fuair me amach go mbeadh sé an-éasca daltaí a réiteach do na tascanna ach cur chuige i gceart. Agus cé nár chreid mé i dtosach é cruthaíonn siad 'ócáidí réadúla' inar féidir caint a spreagadh sa rang. Anuas air seo, cuireann an **tSraith Pictiúr** go mór le tuiscint na ndaltaí ar an Aimsir Chaite agus cuireann **An Rólghlacadh** go mór lena dtuiscint ar **na foirmeacha ceisteacha**. Agus "ní beag san!" – mar a dúirt an té a dúirt!

Ádh mór

Ruaidhrí Ó Báille

Scoil Phobail Chábán tSíle

Aibreán 2010

Clár

Ag Labhairt Gaeilge - Talking Irish

It is well worth your while *learning to talk* about the key syllabus topics in Irish.

Why? Because a *spoken knowledge* of these topics will be a great help to you as you *listen to the speakers* in the Aural test that *all* students must do in the Junior Certificate Irish exam!

You see, the *speakers* you hear in the *Aural* exam will be *talking* about *exactly the same topics* that you have prepared orally.

And remember: <u>what can be said can also be written down</u>. So any *oral preparation* you do will stand to you in the *written exam* as well. Let's say, for example you learn to *talk* about your **Caithimh Aimsire** (hobbies). Well then, you would also be able to write about "***Mo Chaithimh Aimsire***" and in this way you could gain valuable marks in the written exam too.

And anyway, there's not a lot of point in learning to read and write a language if you can't talk a bit of it, is there?

It's Personal!

Now what would you need to learn in order to talk about yourself in Irish? Well, *nothing*, actually. You already know the answer to every possible question you might be asked. You already know how many brothers and sisters you have. You already know what your favourite television programme is. You have probably even worked out what your favourite hobby is at this stage in your life!

You see, oral Irish at Junior Cert level is not a bunch of *new* stuff you have to learn off by heart. It is not about information you may or may not know. Oral Irish is all about you!

So when you prepare a topic orally, you already know the facts. All you need is to get them across in Irish. And that's not as hard as you might think. As you go through each unit in this book, you will be shown exactly how to talk about these familiar things as Gaeilge; how many are in your family, what your favourite hobbies are, what your favourite TV programme is, and all the other little things that make you who you are.

This, in turn, will make listening to the speakers on the CDs that accompany the book much easier and will set you up very well for the Junior Cert *Aural* and *Written* exams. It will <u>also</u> lay a valuable foundation for the Leaving Certificate ***Béaltriail*** which is worth a huge chunk of marks in the Leaving Certificate Irish exam.

Mar sin, seo leat! (away you go!) Bí ag caint, ag éisteacht *agus* ag scríobh!

Now there is an *optional oral exam* for Junior Cert. However, even if you don't do the optional oral exam in your *Junior Cert*, **you *will* have to do the *obligatory* oral exam in your Leaving Cert** (it's now worth a whopping 40%!!) and work done now will make life easier later on. Also, by preparing some oral work on a topic, you make the *aural* part easier as you build up vital vocabulary before you listen to the CDs.

The Oral Exam is broken up into 4 short sections.

Part 1: (10 marks)   Fáiltiú 'Saying Hello' (**1 nóiméad**)

Here you get ten marks for saying "Hello." to the examiner and giving basic information, like your name, age and exam number. ***This lasts a whole minute!***

Part 2: (30 marks)   **Cur síos ar shraith pictiúr** Talking about a 'picture story' (**3 nóiméad**)

This task lasts just **three minutes**! And for *one* of those minutes you don't even have to open your mouth! You spend that first minute just looking at a series of four pictures and getting ready to 'tell the story' that 'happens' in the pictures. Then you are given *two minutes* to actually *tell the story* – while you continue to look at the pictures. Now how much can you be expected say in two minutes? **See pages 122 – 145 for a foolproof way to prepare this.**

Part 3: (40 marks)   **Rólghlacadh** Role-play (**3 nóiméad**)

The role-play section is so easy; it's like stealing candy from a baby! This is where *you* get to ask the questions – and you have to do is look at an advertisement! You pretend to be interested in whatever is being advertised, and you ask a few basic questions. Your questions can be really simple – like: "Cad is ainm don scoil?" "Cá bhfuil an bhialann?" etc. And that's it! You just need ten questions and you get 4 marks per question. And you have up to three minutes to think of the questions. But you could be finished in a minute if you were well prepared, and still get all 40 marks! **See how to get those 40 marks on pages 146 – 168.**

Part 4: (80 marks)   Agallamh 'A Little Chat.' (**4-5 nóiméad**)

As you can see, this is where most of the marks are. You could really lump the 10 marks for the *Fáiltiú* in here to make **90 marks for having a short simple conversation**. Basically, this will be a little chat about yourself, your school, your hobbies, etc. And it last just four or five minutes! Now how much can you be expected to say in that short time?

Labhraímis Gaeilge!

The **Labhraímis Gaeilge** section at the beginning of each unit in the book will help you get these 90 marks. It's worth doing anyway as it will help you with the aural tests that follow. **The Aural test (Cluastuiscint) is still worth 17% of your exam** even if you *don't* do the Oral! And remember, as I said before, **anything you can say, you can write**. So, oral work is **never** just oral work. The topics you prepare ar the **exact same topics** that will be examined on the *written* and *aural* papers. Finally, oral work done now will make life so much easier at **Leaving Cert** level where **40%** of the total marks go for the obligatory **Béaltriail**.

Go n-éirí leat!

Listening to Aural CDs

Some things you should know

The first thing you should know is that *nobody* expects you to understand every word that you hear on an aural CD. If you did, then your teacher would be out of a job and I would have to find something else to write books about!

- The truth is that you don't *need* to understand every word. You just need to take in enough to allow you to answer a few questions about the piece you are listening to.

- The next thing you need to know is that it helps to know what the question means!

- The *next* thing you need to know is that sometimes a *guess* works!

If you think about it, we guess sometimes in English too. Let's say your father suddenly swallows a dictionary and begins coming out with phrases like: "Kindly ascend the stairs and locate my slippers" or "Replenish the kettle and activate its electrical switch with a view to preparing me a cup of tea". Chances are you'd nip upstairs to get Dad his slippers before making him a nice cuppa. (Well you would if it was pocket money day!)

All you really needed was a few **key words** like **stairs, slippers, kettle** and **tea**. In fact maybe that's all you heard!

That's the next thing you need to know. There will always be **key words** *in a sentence that will help you understand what the speaker is talking about. The more key words you know, the better your chances are of working out what is happening on the CD.*

Other things you could learn that will help you to understand what is being said on the tape are:

- the question words
- the numbers in Irish
- the clock

- the days of the week
- the months of the year
- labels (like/dislike etc.)

Remember: the more words you can recognise, the more of the sentence you will understand. Before you listen to the CDs that accompany this book, look over the next couple of pages and try to get used to the words and phrases you find. Return to these pages every now and then to brush up!

1. Question Words

You might have noticed that most question words *in English* start with "Wh".

Who? What? Where? When? Why? (**How?** has just the h!)

Well, *in Irish*, <u>all</u> question words start with "C". For example:

Cé?

Cad? (or **Céard?**)

Cá?

Cathain?

Cén fáth?

Conas?

How do you tell them apart? Well, if you recognise the following phrases, you have already heard at least four.

Conas tá tú? (**How** are you?)

Cé tusa? (**Who** are you?)

Cad is ainm duit? (**What** is your name?)

Cá bhfuil tú i do chónaí? (**Where** do you live?)

Look at the above phrases again.

What does **Conas?** mean? _____

What does **Cé?** mean? _____

What does **Cad?** mean? _____

What does **Cá?** mean? _____

Here's one more: **Cathain?**

The word **Cathain?** means **When?** Do you notice anything that the English and Irish words for "When?" have in common? Look at the *last letter* of each word. Bingo! Both words end in "n". Use that to help you remember what the word "Cathain" means.

Here's a little rhyme to help you: ***Cathain? and When? both end in "n"*** (OK, it won't win prizes for poetry, but it works!). Time for one more question word.

Cén fáth? means **Why?**

If you ever spend time in the Gaeltacht in a house with a young child, you will get to know this word very well. Young Irish speaking children ask the question **Cén fáth?** about fifty times a day.

Now why does it take <u>two words</u> in Irish and only <u>one word</u> in English to say **Why?** Well, this is where we learn the awful truth! **Cén fáth?** actually means "What's the reason?"

Cén…? is actually *short* for **What is the…?**, but that's more than *you* needed to know!

There are other examples like **Cén fáth?** where Irish uses **Cén…?** and another word to ask a question. For example:

> **Cén uair …?** *What time?* = **When?**
>
> **Cén chaoi …?** *What way?* = **How?**
>
> **Cén áit …?** *What place?* = **Where?**

In fact the word **Cén…?** pops up in lots of other questions – and it always means **What…?**

So there you have it. Learn these words now and tick them when you are happy you know what they mean. If you need to, return to this page to brush up

Cé? (Who?)	☐	**Cén aois?** (What age?)	☐
Cad?/Céard? (What?)	☐	**Cén obair?** (What work?)	☐
Cá? (Where?)	☐	**Cén bhliain?** (What year?)	☐
Cathain? (When?)	☐	**Cén pictiúr?** (What picture?)	☐
Cén fáth? (Why?)	☐	**Cén duine?** (What person/Who?)	☐
Conas? (How?)	☐	**Cén sórt?** (What sort/kind?)	☐
Cén t-am? (What time?)	☐	**Cén t-ábhar?** (What subject?)	☐
Cé mhéad? (How much/many?)	☐	**Cén scór?** (What score?)	☐
Cén lá? (What day?)	☐	**Cén oíche?** (What night?)	☐

2. The Numbers

Here's how to count up to 100 in Irish:

First: **one** to **ten**.

a haon 1; **a dó** 2; **a trí** 3; **a ceathair** 4; **a cúig** 5; **a sé** 6; **a seacht** 7; **a hocht** 8; **a naoi** 9; **a deich** 10

Now to get to **nineteen** you only need to add in the word "déag"

a haon <u>déag</u> 11; **a dó <u>dhéag</u>** 12; **a trí <u>déag</u>** 13; **a ceathair <u>déag</u>** 14; **a cúig <u>déag</u>** 15; **a sé <u>déag</u>** 16; **a seacht <u>déag</u>** 17; **a hocht <u>déag</u>** 18; **a naoi <u>déag</u>** 19

Then we have:

fiche 20; **tríocha** 30; **daichead** 40; **caoga** 50; **seasca** 60; **seachtó** 70; **ochtó** 80; **nócha** 90; **céad** 100

If you want to count between **fiche** and **tríocha** or **tríocha** and **daichead** etc., you do it just like in English. If in doubt, break it up.

twenty	five
fiche	**a cúig**
thirty	seven
tríocha	**a seacht**
sixty	four
seasca	**a ceathair**
ninety	nine
nócha	**a naoi**

Nócha a naoi......

Now try writing out the numbers in Irish from one to 100. Write down "fiche", "tríocha" etc. as reminders if you like. Then try counting to a hundred in Irish out loud!

Counting people

Remember, in Irish we have a special system for counting people:

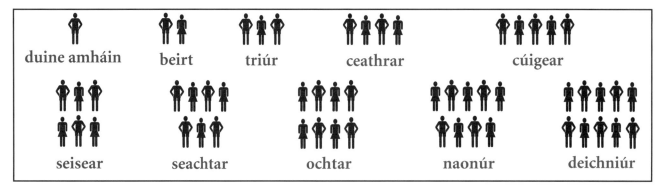

Counting hundreds

We count hundreds like we count anything else:

dhá chéad   **trí chéad**   **ceithre chéad**   **cúig chéad**........ and so on up to **míle** (a thousand)

    200   300   400   500

3. The Time

Just learn

(A) The numbers from one to twelve:

1. **a haon**	5. **a cúig**	9. **a naoi**
2. **a dó**	6. **a sé**	10. **a deich**
3. **a trí**	7. **a seacht**	11. **a haon déag**
4. **a ceathair**	8. **a hocht**	12. **a dó dhéag**

(B) The Irish for "o'clock"
a chlog o'clock

(C) **a cúig** five
a deich ten
fiche twenty
fiche a cúig twenty-five
leathuair half (an hour)
ceathrú a quarter

(D) The Irish for "to" and "past"
chun = "to"; **tar éis** = "past"

And that's it! Remember, the words in Irish follow exactly the same order as they do in English.
For example:

six	o'clock	
a sé	**a chlog**	
half	past	six
leathuair	**tar éis**	**a sé**
ten	to	two
a deich	**chun**	**a dó**

Tá sé leathuair tar éis a naoi!

And there you have it!

Translate these into Irish:

1) one o'clock _____

2) five past two _____

3) ten to three _____

4) a quarter past four _____

5) twenty to five _____

6) half past six _____

7) twenty-five to seven _____

8) twenty past eight_____

9) twenty-five to nine _____

10) a quarter past ten _____

11) eleven o'clock _____

12) twelve o'clock _____

Now translate them back into English in your copy!

4. The days of the week/The months of the year

To answer any question starting with **Cén lá?** you will need to be able to recognise the days of the week.

You might hear

> **Dé Luain** Monday **Dé Máirt** Tuesday **Dé Céadaoin** Wednesday **Déardaoin** Thursday
> **Dé hAoine** Friday **Dé Sathairn** Saturday **Dé Domhnaigh** Sunday

…or you might hear

> **ar an Luan** on Monday **ar an Máirt** on Tuesday **ar an gCéadaoin** on Wednesday
> **ar an Déardaoin** on Thursday **ar an Aoine** on Friday **ar an Satharn** on Saturday
> **ar an Domhnach** on Sunday

Don't forget the **Months of the Year. Cén mhí?** means **What month?**

You might hear

> **Eanáir** January **Feabhra** February **Márta** March **Aibreán** April **Bealtaine** May
> **Meitheamh** June **Iúil** July **Lúnasa** August **Meán Fómhair** September
> **Deireadh Fómhair** October **Samhain** November **Nollaig** December

…or you might hear

> **Mí Eanáir** January **Mí Feabhra** February **Mí Márta** March **Mí Aibreáin** April
> **Mí Bealtaine** May **Mí an Mheithimh** June **Mí Iúil** July **Mí Lúnasa** August
> **Mí Mheán Fómhair** September **Mí Dheireadh Fómhair** October
> **Mí na Samhna** November **Mí na Nollag** December

5. Labels

"Good"," bad", "cool", "awesome" – these are all examples of the labels people put on things to explain why they like/dislike things. It stands to reason that you will need to recognise these kinds of words when you hear them.

Is maith liom… I like…

Is breá liom… I love…

Is aoibhinn liom… I adore…

Is cuma liom faoi… I'm not bothered about…

Ní maith liom… I don't like…

Is fuath liom… I hate…

Tá sé	go maith good an-mhaith very good go hiontach great ar fheabhas brilliant
It's	go hálainn lovely gleoite cute
Tá siad	ceart go leor alright cuíosach OK measartha alright
They are	go dona bad go huafásach terrible lofa rotten go hainnis terrible

6. Counties and Countries

The names of counties in Ireland and countries abroad will get you out of many a scrape. Here goes:

Cén contae? What county?

Corcaigh Cork **Gaillimh** Galway **Maigh Eo** Mayo **Dún na nGall** Donegal **Ciarraí** Kerry
Tiobraid Árann Tipperary **Tír Eoghain** Tyrone **Contae an Chláir** County Clare
Contae Aontroma County Antrim **Luimneach** Limerick **Contae an Dúin** County Down
Ros Comáin Roscommon **Loch Garman** Wexford **Contae na Mí** County Meath **Doire** Derry
Contae na hIarmhí County Westmeath **Cill Chainnigh** Kilkenny **Cill Mhantáin** Wicklow
Contae Uíbh Fhailí County Offaly **Contae an Chabháin** County Cavan
Contae Fhear Manach County Fermanagh **Port Láirge** Waterford **Sligeach** Sligo
Contae Laoise County Laois **Cill Dara** Kildare **Liatroim** Leitrim
Contae Ard Mhacha County Armagh **Muineachán** Monaghan **Longfort** Longford
Contae Átha Cliath County Dublin **Ceatharlach** Carlow **Contae Lú** County Louth
sa Ghaeltacht in the Gaeltacht

Cén tír? What country?

an Afraic Africa **Albain** Scotland **an Bheilg** Belgium **an Bhreatain** Britain
an Bhreatain Bheag Wales **Ceanada** Canada **an Chipir** Cyprus **an Danmhairg** Denmark
an Fhrainc France **an Ghearmáin** Germany **an Ghréig** Greece **an Iodáil** Italy **an India** India
an Ollain Holland **an Phortaingéil** Portugal **an Rúis** Russia **an Spáinn** Spain
An Tuirc Turkey **Meiriceá** America **Sasana** England **Lucsamburg** Luxembourg

7. Spelling in Irish

When answering aural questions, make sure you always use the Irish phonetic system. In other words, learn how to spell in Irish!

This is particularly important with placenames. English placenames can often closely resemble the Irish but the English versions use the English spelling system which is totally different to the Irish method of spelling words. Believe it or not, there is a big difference between "Tralee" and **Trá Lí** – as we will see below.

The 'Tá tú sé sí bó' System!

Now all this is not as hard as you might think. If you look at the following lists of well known words, you will realise that you already know the Irish spelling system.

Separate the words from their vowels and you will always remember how to get the sounds you need to spell a word.

Vowels with fada:		Vowels without fada:		And don't forget:	
tá >	á	sa >	a	tae	ae
tú >	ú	ubh >	u	bia	ia
sé >	é	te >	e	trua	ua
sí >	í	di >	i	leon	eo
bó >	ó	mo >	o	'sea	ea

So let's say, for example, that the answer to a question is **Trá Lí**. You must spell this using the Irish system. You will not get marks for the English version. Even *"Tra Lee"* will get you a big nought!

Why? Well, if you think about it, the letter "a" is pronounced **uh** in Irish (**sa**) and the letter "e" is pronouced **eh** (**te**). So *"Tra Lee"* actually spells **Truh leh eh**. To get an "aw" sound, you need to use an "á" (**Trá**) and to get the "ee" sound, you need to use "í" (as in **Lí**).

So there you have it! Learn the **Tá tú sé sí bó** system and you will never go far wrong in your spelling of the Irish words you hear.

8. Dialects and all that...

How would you pronounce the word **raibh**?

Well, depending on what part of Ireland you come from (or what part of Ireland your primary school teachers came from!) you might say **rev** or **rau** or **row** or even **ruh**!

In Munster, you would say **rev**. In Connaught, you might say **rau** or **ruh** and in Ulster, you might say **row** (as in "Michael row the boat ashore…").

So why is the word **raibh** pronounced in different ways in different parts of the country? Well, you could say it just goes with the territory. And it's the same in every language under the sun. Each region has its own way of pronouncing words. Look at the English word **book** for instance. Some people pronounce it "buck" while others prefer "buke". The word **either** can be pronounced "eether" or "iither" – some people even say "aether"!

Irish Dialects

There are three modern dialects in Irish: Munster Irish (**Gaeilge na Mumhan**), Ulster Irish (**Gaeilge Uladh**) and Connacht Irish (**Gaeilge Chonnacht**).

As you saw with the word **raibh**, the dialects differ in the way they pronounce some very basic sounds. Imagine the following paragraph in your head. **Ansin éist leis ar an téip. Cloisfidh tú é i nGaeilge na Mumhan, i nGaeilge Chonnacht agus i nGaeilge Uladh.**

"Ba mhaith liom a rá go bhfuil an lá go breá. Ó, tá, a ghrá. Seo rud iontach domsa! Beidh an lá amárach iontach fliuch. Ach cén dochar? Nach bhfuilimid i ngrá? Ní raibh mé riamh i ngrá go dtí inniu. Bhí mo chroí ag briseadh, ní raibh mé in ann codladh. Bhí mé ag fáil bháis! Ach a bhuachaillí agus a chailíní, tá mo shaol ag tosú arís inniu, mar tá mé i ngrá!!"

● Notice the **Gaeilge Uladh** pronunciation of the 'á' sound in *rá; lá; breá; grá; amárach; fáil* and *bháis*: it's 'aaah' as opposed to 'aw' in Connacht or Munster.

● Notice the **Gaeilge Uladh** pronunciation of the 'ch' sound. It can become a 'h' at the start of a word sometimes: 'a haleenee' for 'a chailíní'. Also it can disappear in the middle of a word: 'dohar' for *dochar*, and 'buahillee' for *buachaillí*. It can also disappear at the *end* of a word: 'ionta fliuh' for *iontach fliuch*, for example.

● Notice the **Gaeilge Uladh** and **Gaeilge Chonnacht** pronunciation of the 'bh' and 'mh' sounds and compare these to **Gaeilge na Mumhan**. Both of these dialects pronounce it as a 'w' in the words **mhaith; bhuachaillí; bháis**. But **Gaeilge na Mumhan** pronounces the 'bh' and 'mh' sound like a 'v': 'vah' for **mhaith** and 'vuachaillí' for **bhuachaillí**.

● Notice also the different pronunciations of **beidh**. It can be 'bay' or 'bye' in **Connacht** and **Ulaidh**, but it's 'beg' in **Gaeilge na Mumhan** unless it has a **sé/sí/siad** after it!

Ádh mór!

Ruaidhrí Ó Báille

An Dalta Féin

Labhraímis Gaeilge! Let's talk Irish!

Now **before we listen to this aural unit** where we will hear about other people's lives, let's look a bit closer to home. These *sentence generators* will help you **talk** about yourself and your family in **short, simple sentences**. Write your answers just below each *sentence generator*.

1. Beannú, Ainm; Sloinne; Aois Hello, Name; Surname; Age

1. **Dia dhuit** Hello

Dia is Muire dhuit Hello (in reply)

Tusa: *Dia is Muire dhuit*

2. **Conas tá tú?** (or) **Cén chaoi a bhfuil tú?** (or) **Cad é mar atá tú?**
   How are you?

Tá mé	**go maith** well	**go raibh maith agat**
I am	**an-mhaith** very well	thank you

Tusa: *Tá mé   , go raibh maith agat.*

3. **Cad is ainm duit?** (or) **Cén t-ainm atá ort?** (or) **Cad é an t-ainm atá ort?**
   What's your name?

Is mise	**Seán Ó Sé** John O'Shea (etc.)
I'm…	**Máire Ní Shé** Mary O'Shea (etc.)

Tusa:

4. **Cén aois thú?** (**Cén aois atá agat?**) What age are you?

Tá mé I am	**a dó dhéag** 12 **a trí déag** 13 **a ceathair déag** 14 **a cúig déag** 15

Tusa:

2. Do Theaghlach Your Household.

1. Cé mhéad deartháir / deirfiúr atá agat?
How many brothers / sisters have you got

Tá deartháir amháin agam I have one brother	**Tá deirfiúr amháin agam** I have one sister
Níl aon deartháir agam I have no brothers	**Níl aon deirfiúr agam** I have no sisters

Tá	**beirt** (2) **triúr** (3) **ceathrar** (4) **cúigear** (5) **seisear** (6) **seachtar** (7) **ochtar** (8) **naonúr** (9) **deichniúr** (10)	**deartháireacha** brothers **deirfiúracha** sisters	**agam**

Tusa: _____

_____

2. Cad is ainm dó / di / dóibh? What are their names?

Pól, Séan etc.	**is ainm dó** is his name **is ainm di** is her name
Máire agus Aisling etc.	**is ainm dóibh** are their names

Tusa: _____

_____

3. Cén aois iad? (Cén aois é Seán? etc.)
What ages are they? (What age is Seán? etc.)

	(1 – 10)	(11 – 20)	(21 – 30)
	a haon one	a haon déag 11	fiche a haon
Tá Máire (etc.)	a dó two	a dó dhéag 12	fiche a dó
Máire (etc.) is	a trí three	a trí déag 13	fiche a trí
	a ceathair four	a ceathair déag 14	fiche a ceathair
	a cúig five	a cúig déag 15	fiche a cúig
Tá Seán (etc.)	a sé six	a sé déag 16	fiche a sé
Seán (etc.) is	a seacht seven	a seacht déag 17	fiche a seacht
	a hocht eight	a hocht déag 18	fiche a hocht
	a naoi nine	a naoi déag 19	fiche a naoi
	a deich ten	fiche 20	tríocha

Tusa: _____

_____

_____

_____

4. **Déan cur síos ar do dhearthái / ar do dheirfiúr (Pioc duine amháin).**
   Describe your brother / your sister (Pick one person).

| Tá Seán Seán is Tá sé He is | ard tall íseal short ramhar fat tanaí thin caol slim deas nice |
| Tá Síle Síle is Tá sí She is | gránna horrible craiceáilte crazy go hálainn lovely |

Tusa: _____

5. **Cén dath atá ar a s(h)úile?**
   What colour are his/her eyes?

| Tá a shúile His eyes are | gorm blue donn brown dubh black glas green liath grey |
| Tá a súile Her eyes are | go hálainn lovely |

Tusa: _____

_____

6. **Cén dath atá ar a g(h)ruaig?**
   What colour is his/her hair?

| Tá a ghruaig His hair is | donn brown dubh black rua red liath grey fionn fair |
| Tá a gruaig Her hair is | |

Tusa: _____

_____

3. Peataí Pets

1. **An bhfuil peata agat? An bhfuil madra nó cat agat? (Pioc ceann amháin.)**
   Have you a pet? Have you a dog or a cat? (Pick one.)

| Tá | madra a dog cat a cat coinín a rabbit pig capall a horse pónaí a pony | agam |

Tusa: _____

2. **Cad is ainm dó/di?**
   What's his/her name?

| Fido (etc!) | is ainm dó is his name is ainm di is her name |

Tusa: _____

3. Cén dath atá air/uirthi?
What colour is he/she?

Tá sé He is	**gorm** blue **donn** brown **dubh** black **glas** green **liath** grey
Tá sí She is	**rua** red **fionn** fair **órga** golden

Tusa: _____

4. Cén aois é/í ?
What age is he/she?

Tá sé He is Tá sí She is	**a haon** one **a dó** two etc. (see page 6 for numbers)

Tusa: _____

5. Cad a itheann sé/sí? Cad a ólann sé/sí?
What does he/she eat? What does he/she drink?

Itheann sé/sí He/She eats	**cnámha** bones **bia madra** dog food **bia cait** cat food **leitís** lettuce **feoil** meat **gach rud** everything
Ólann sé/sí He/She drinks	**bainne** milk **uisce** water **báisteach** rain

Tusa: _____

_____

6. Cá bhfuair tú an madra/cat?
Where did you get it/them?

Fuair mé I got **Cheannaigh mé** I bought **Cheannaigh X** X bought	'Fido'	**sa siopa peataí** in the pet shop **sa phóna** in the pound **don Nollaig** for Christmas

Tusa: _____

7. An raibh sé/sí daor?
Was he/she dear?

Bhí sé/sí He/She was	**deich euro** €10 **fiche euro** €20 **tríocha euro** €30 **daichead euro** €40 **caoga euro** €50 **céad euro** €100 **dhá chéad euro** €200 etc.

Tusa: _____

Bí ag scríobh! Get writing!

Now use the sentences you have created above to write a paragraph entitled:

"Mise agus an Gheaing!" (Me and The Gang!)

Cluastuiscint – Súil ar Aghaidh…

Na Foirmeacha Ceisteacha…

Don't underestimate the power of the question words! What do the following mean?
Write the English words beside the Irish – if you know them. If you don't, go back to page 4
and learn them! Remember there can be more than one way of asking a question in Irish.

Cé? or Cén duine? _____   Conas? or Cén chaoi? _____

Cad? or Céard? _____   Cé mhéad?_____

Cá? or Cén áit?_____   Cén t-am? _____

Cathain? or Cén uair? _____   Cén lá? _____

Cén fáth? _____   Cén dáta? _____

Triail 1: An Dalta Féin

CUID A

Cloisfidh tú giota cainte ó bheirt daoine óga sa chuid seo. Cloisfidh tú gach giota díobh *faoi
dhó*. Éist go cúramach leo agus líon isteach an t-eolas atá á lorg sna greillí ag 1 agus 2 thíos.

1.
An Chéad Chainteoir

Ainm	*Gráinne de Paor*
Dath a súl	
Dath a gruaige	
Caitheamh aimsire a thaitníonn léi	
Cé eile atá sa teach?	

2.
An Dara Cainteoir

Ainm	*Bart Simpson*
Aois	
Cén dath atá ar ghruaig Marge?	
Cé mhéad deirfiúr atá aige?	
Cén deirfiúr is fearr leis?	

CUID **B**

Cloisfidh tú **fógra** agus **píosa nuachta** sa chuid seo. Cloisfidh tú gach ceann díobh *faoi dhó*. Éist go cúramach leo. Beidh sos ann tar éis gach píosa a chloisfidh tú chun seans a thabhairt duit an *dá* cheist a ghabhann le gach píosa a fhreagairt.

Fógra

1.

    (a)   **(b)**   **(c)**   **(d)**

       Cén pictiúr a théann leis an bhfógra seo?

2.   Cén dath atá ar shúile Mháire?
       (a) **dubh**
       (b) **gorm**
       (c) **donn**
       (d) **bán**

Píosa Nuachta

1.

    (a)   **(b)**   **(c)**   **(d)**

       Cén pictiúr a théann leis an bpíosa seo?

2.   Cé mhéad leabhar atá foilsithe ag Seán go dtí seo?
       (a) **3**
       (b) **6**
       (c) **7**
       (d) **9**

Cloisfidh tú **dhá** chomhrá sa chuid seo. Cloisfidh tú gach comhrá díobh **faoi dhó**. Cloisfidh tú an comhrá ó thosach deireadh an chéad uair. Ansin cloisfidh tú é ina *dhá mhír* an dara huair. Beidh sos tar éis gach míre díobh chun seans a thabhairt duit an cheist a bhaineann leis an mír sin a fhreagairt.

Comhrá a hAon

1. *An Chéad Mhír*

| (a) | (b) | (c) | (d) |

Cá bhfaca cara Sheáin an cailín seo? ☐

An Dara Mír

2. **Cén dath atá ar ghruaig an chailín?**
    (a) **gorm**
    (b) **dubh**
    (c) **liath**
    (d) **donn** ☐

Comhrá a Dó

1. *An Chéad Mhír*

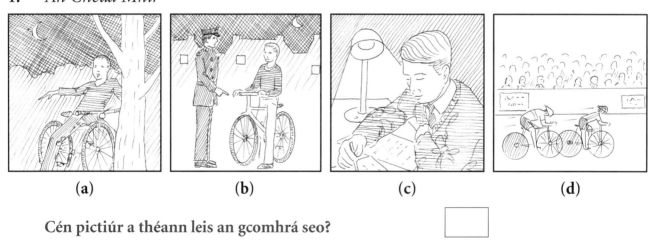

| (a) | (b) | (c) | (d) |

Cén pictiúr a théann leis an gcomhrá seo? ☐

An Dara Mír

2. **Cé a chuir an buachaill chun an tsiopa?**
    (a) **a Mhamaí**
    (b) **uncail Liam**
    (c) **coimisinéir na ngardaí**
    (d) **a Dhaid** ☐

CUID A

An Chéad Chainteoir

Tugann daoine 'X' orm people call me 'X' chomh dubh le gual as black as coal faoin tuath
in the country B'fhearr liom a bheith I'd prefer to be Ba bhreá liom a bheith I'd love to be
an duine a thugann aire dom the person who looks after me

An Dara Cainteoir

mo chraiceann my skin ag obair working Stáisiún Núicléach Nuclear Station cineál dúr
kind of thick cineál difriúil kind of different Is breá liom I love Is fuath liom I hate
seinneann sí she plays an sacsafón the saxophone an t-am ar fad all the time

CUID B

Fógra

Ag iarraidh asking a bheith ag faire amach to be watching out ar strae lost teach cónaithe
residence go luath ar maidin inniu early this morning gruaig chatach curly hair
eolas information/knowledge glaoigh call Stáisiún Gardaí Police Station

Píosa Nuachta

ag síniú signing an t-údar mór the great author a fheiscint to see foilsithe published

CUID C

Comhrá a hAon

Pól anseo Pól here Fan go gcloise tú Wait till you hear Céard é féin? What's that?
titim i ngrá to fall in love Níl a sloinne ar eolas agam I don't know her surname imríonn sí
leadóg she plays tennis raicéad racket d'fhág sí leabhar ina diaidh she left a book behind her
A phleidhce! You eejit! Fan tusa amach uaithi siúd! You stay away from her! Maróidh mé
thú! I'll kill you!

Comhrá a Dó

Ar an tsráid on the street goideadh was stolen mo lampa my lamp Cad é an t-ainm atá ort?
What's your name? ródhorcha too dark mo thuismitheoirí my parents buartha fúm worried
about me fá choinne to fetch cuairteoir a visitor Coimisinéir Commissioner

Éist leis an CD arís, ansin líon na bearnaí thíos:

An Chéad Chainteoir

faoin
mo
thugann
atá
aon
i

Gráinne Ghleoite a _____ daoine orm.

Súile gorma _____ agam agus tá _____ ghruaig

chomh dubh le gual.

Tá mé _____ mo chónaí in áit bheag _____ tuath.

Níl _____ deartháireacha ná deirfiúracha agam.

An Dara Cainteoir

liom
agam
againn
obair
d'aois
breá

Tá mé deich mbliana _____ .

Súile dubha atá _____ .

Tá m'athair ag _____ i Stáisiún Núicléach.

Cúigear _____ atá sa bhaile.

Is _____ liom Maggie.

Is fuath _____ Lisa.

An Teach

Labhraímis Gaeilge! Let's talk Irish!

Now **before we listen to this aural unit** where we will hear about other people's lives, let's look a bit closer to home. These *sentence generators* will help you **talk** about your house and your garden in **short, simple sentences.** Write your answers just below each *sentence generator*.

1. Áit Chónaithe Place of Residence

1. **Cá bhfuil tú i do chónaí?** Where do you live?

| Tá mé i mo chónaí | **in** Ath Luain in Athlone ('in' is used with A,E,I,O,U) |
| | **i m**Baile Átha Cliath in Dublin |

Tusa: *Tá mé i mo chónaí*

2. **Cén seoladh atá agat?** What's your address?

| **54** | **Bóthar na Trá** | **mo sheoladh** |
| 54 | Strand Road | (is) my address |

Tusa:

3. **An bhfuil teach mór agat?** Do you have a big house?

Tá teach mór agam I have a big house **Níl teach mór agam** I haven't a big house
Tá árasán agam I have an apartment

Tusa:

4. **Cad iad na seomraí atá ann?** What rooms are in it?

| **Tá** There's | **cistin** a kitchen **seomra suí** a sitting room **seomra gréine** a sun room **seomra teilifíse** a television room **(cúpla) seomra folctha** a (couple of) bathroom(s) **leithreas** a toilet **seomra bia** a dining room **seomraí codlata (seomraí leapa)** bedrooms | **ann** in it **sa teach** in the house |

Tusa:

5. Cad tá i do sheomra leapa (i do sheomra codlata)?
   What's in your bedroom?

Tá There's	leaba a bed **deasc** a desk **leabhragán** a bookcase **bord** a table **seinnteoir dlúthdhioscaí** a CD player **raidió** a radio **lampa** a lamp **ríomhaire** a computer	**ann** in it **sa seomra** in the room

Tusa: _____

_____

6. Cén dath atá ar na rudaí i do sheomra leapa? Cén dath atá ar...
   What colour are the things in your bedroom? What colour is the...

Tá There's	**an balla** the wall (is) **an doras** the door (is) **na cuirtíní** the curtains (are) **an síleáil** the ceiling (is) **an cairpéad** the carpet (is) **an chuilt** the quilt (is)	**gorm** blue **glas** green **dearg** red **buí** yellow **corcra** purple **bán** white **dubh** black **donn** brown **bándearg** pink

Tusa: _____

_____

_____

2. An Gairdín The Garden

1. An bhfuil gairdín agaibh?
   Have you a garden?

Tá gairdín againn We have a garden **Níl aon ghairdín againn** We have no garden

Tusa: _____

2. An bhfuil sé mór (nó beag)?
   Is it big (or small)?

Tá sé It's │ **mór** big **an-mhór** very big **beag** small **an-bheag** very small

Tusa: _____

3. **Cad tá sa ghairdín?**
   What's in the garden?

Tá	bláthanna flowers féar grass **agus...** and...	**sa ghairdín**
There's	**crann** a tree **glasraí** vegetables	in the garden

Tusa: _____

4. **Cé a bhíonn ag obair sa ghairdín?**
   Who works in the garden?

Bíonn mise I 'do be' **Bíonn Mam** Mam 'does be'	**ag obair sa ghairdín**
Bíonn Daid Dad 'does be' **Bíonn Seán/Síle** Seán/Síle 'does be'	working in the garden
	ag obair ann
	working there

Tusa: _____

Bí ag scríobh! Get writing!

Now use the sentences you have created above to write a paragraph entitled:

"Mo Theach agus Mo Ghairdín." ("My House and My Garden.")

Cluastuiscint – Súil ar Aghaidh…

Na Foirmeacha Ceisteacha...

Time for the question words again! Here they are in English this time.
Write them in if you know them. If not, go back to page 4 **and learn them!**

What's the Irish for...

Who? _____   How? _____

What? _____   How many? _____

Where? _____   What time? _____

When? _____   What day? _____

Why? _____   What date? _____

Triail 2: An Teach

CUID A

Cloisfidh tú giota cainte ó bheirt daoine óga sa chuid seo. Cloisfidh tú gach giota díobh *faoi dhó*. Éist go cúramach leo agus líon isteach an t-eolas atá á lorg sna greillí ag **1** agus **2** thíos.

1. **An Chéad Chainteoir**

Ainm	*Nollaig Ó Dúill*
An bhfuil teach mór aige?	
Cé mhéad seomra codlata atá sa teach?	
Luaigh **dhá** sheomra thíos staighre.	(i) _____ (ii)
Cad tá acu ar chúl an tí?	

2. **An Dara Cainteoir**

Ainm	*Síle Ní Ailpín*
Cé mhéad leithreas ata acu?	
Cé mhéad seomra codlata ata acu?	
Cad tá chomh mór le páirc rugbaí?	
Cad tá chomh mór le tanc?	

CUID B

Cloisfidh tú **fógra** agus **píosa nuachta** sa chuid seo. Cloisfidh tú gach ceann díobh *faoi dhó*. Éist go cúramach leo. Beidh sos ann tar éis gach píosa a chloisfidh tú chun seans a thabhairt duit an *dá* cheist a ghabhann le gach píosa a fhreagairt.

Fógra

1.

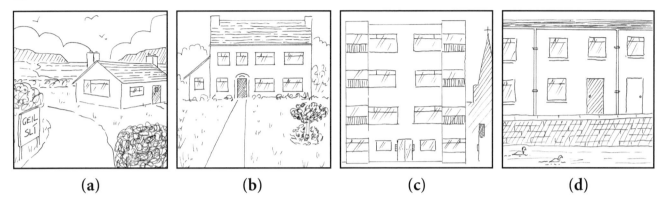

(a)   (b)   (c)   (d)

Cén sórt tí a luaitear san fhógra seo?

2. Cé mhéad seomra codlata atá sa teach?
- (a) **2**
- (b) **3**
- (c) **5**
- (d) **10**

Píosa Nuachta

1. Cá raibh Máire nuair a thosaigh an tine seo?
- (a) **Sa leaba**
- (b) **Sa chistin**
- (c) **Sa seomra suí**
- (d) **Sa halla**

2. Luaigh **dhá** rud nua a bheidh ar Mháire a fháil.

    (i)

    _____

    (ii)

    _____

CUID C

Cloisfidh tú **dhá** chomhrá sa chuid seo. Cloisfidh tú gach comhrá díobh **faoi dhó**. Cloisfidh tú an comhrá ó thosach deireadh an chéad uair. Ansin cloisfidh tú é ina *dhá mhír* an dara huair. Beidh sos tar éis gach míre díobh chun seans a thabhairt duit an cheist a bhaineann leis an mír sin a fhreagairt.

Comhrá a hAon

An Chéad Mhír

1. Cad a bheidh siad a ghlanadh Dé Sathairn?

   (a) **cistin**
   (b) **siopa**
   (c) **gairdín**
   (d) **clós**

An Dara Mír

2. Cad a dhéanfaidh Deirdre (bean Shéamais)?

   (a) **bricfeasta**
   (b) **lón**
   (c) **dinnéar**
   (d) **tae**

Comhrá a Dó

1. *An Chéad Mhír*

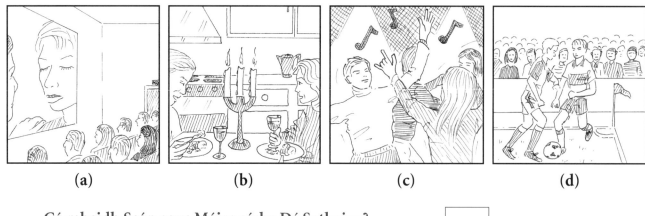

   (a)   (b)   (c)   (d)

   Cá mbeidh Seán agus Máire oíche Dé Sathairn?

An Dara Mír

2. Cad air a bhfuil 'boladh lofa' dar le Maire?

   (a) **Lasagne**
   (b) **Bágún**
   (c) **Cóilís**
   (d) **Cabáiste**

Foclóir

CUID A

An Chéad Chainteoir

Corcaíoch a Corkman compordach comfortable seomra codlata bedroom thuas staighre upstairs thíos staighre downstairs cistin kitchen parlús parlour seomra bia dining room gairdín garden ar chúl an tí at the back of the house ag fás growing bláthanna flowers glasraí vegetables

An Dara Cainteoir

'X' m'ainmse My name is 'X' mo thuismitheoirí my parents lofa le hairgead rotten with money Dá bhfeicfeá mo theachsa If you saw my house leithreas toilet chomh mór le páirc rugbaí as big as a rugby pitch nua-aimseartha modern cuisneoir fridge

CUID B

Fógra

teach saoire holiday home ar cíos on rent Dún na nGall Donegal Gaoth Dobhair Gweedore cúpla céad slat couple of hundred yards seomra suí sitting room cuisneoir fridge meaisín níocháin washing machine oigheann leictreach electric oven folcadán bath cithfholcadh shower seomra folctha bathroom

Píosa Nuachta

gortaíodh was hurt rinneadh was done a lán damáiste a lot of damage sáspan sceallóga a pot (saucepan) of chips d'éirigh le Máire Máire managed an tine a mhúchadh to put out the fire

CUID C

Comhrá a hAon

Cén chaoi a bhfuil tú? How are you? Gabh i leith Come here Fan go bhfeice mé Wait till I see Cad chuige? Why? aon seans go dtabharfá any chance you'd give lámh chúnta helping hand féarplé dhuit fair play to you cócaire iontach great cook Ó go hiontach! Oh brilliant!

Comhrá a Dó

An mbeidh tú saor? Will you be free? bagún bacon rómánsúil romantic an tigh a líonadh to fill the house boladh lofa rotten smell breá folláin fine and healthy

Éist leis an CD arís, ansin líon na bearnaí thíos:

An Chéad Chainteoir

Is _____ Nollaig Ó Dúill.

_____ Corcaíoch mé.

_____ mé a cúig déag amárach.

Teach beag compordach _____ againn.

Tá trí sheomra _____ thuas staighre.

_____ staighre, tá cistin bheag.

Tá gairdín againn ar _____ an tí.

atá
codlata
Is
mise
Beidh
chúl
thíos

An Dara Cainteoir

An bhfuil a _____ agat?

Ta _____ thuismitheoirí lofa le hairgead.

Tá trí leithreas _____ .

Ta an gairdín _____ mór _____ páirc rugbaí.

Tá an cuisneoir chomh _____ le tanc.

againn
chomh
mór
fhios
mo
le

Labhraímis Gaeilge! Let's talk Irish!

Now **before we listen to this aural unit** where we will hear about other people's working lives, let's look a bit closer to home. These *sentence generators* will help you **talk** about your family and the work they do in **short, simple sentences**. Write your answers just below each *sentence generator*.

1. Cé atá ag obair? Who is working?

Tá There's Níl There isn't	Daid Dad Mam Mam Seán Seán Máire Máire etc. aon duine anybody	ag obair working

Tusa:

_____

_____

2. Cén obair a dhéanann siad? What work do they do?

Bean tí A housewife Fear tí A house husband Glantóir cleaner Cócaire cook Tiománaí A driver Múinteoir A teacher Siúinéir carpenter	is ea Mam is what Mam is is ea Daid is what Dad is is ea 'X' is what 'X' is

Tusa:

_____

_____

Here is a fuller list of jobs for you:

> siúinéir carpenter **oibrí monarchan** factory worker **teicneoir** technician **meicneoir** mechanic **innealtóir** engineer **leictreoir** electrician **iriseoir** journalist **scríbhneoir** writer **cléireach** clerk **rúnaí** secretary **oibrí beáir** bar worker **feirmeoir** a farmer **freastalaí** waiter/waitress **fear poist** postman **bean phoist** postwoman **fear guail** coalman **fear bruscair** binman **tógálaí** builder **ailtire** architect **oibrí foirgníochta** construction worker **plástrálaí** plasterer **fear árachais** insurance man **siopadóir** shopkeeper **feighlí leanaí** child minder **altra** nurse **dochtúir** doctor **feirmeoir** farmer **garda** policeman **bangharda** policewoman **doirseoir** doorman **garda slándála** security guard

3. An bhfuil tú ag obair go páirtaimseartha? Cén áit? Are you working part-time? Where?

Tá mé ag obair I am working	in óstán in a hotel i ngaráiste in a garage i monarcha in a factory i siopa in a shop in ospidéal in a hospital i mbanc in a bank ar fheirm on a farm i scoil in a school i stáisiún peitril in a petrol station in oifig an phoist in the post office i dteach tábhairne in a pub i dteach ósta in a pub

Tusa:

_____

_____

4. An bhfuil an post go maith? An bhfuil an pá go maith?
   Is the job good? Is the pay good?

| Tá an post
The job is | go maith good an-mhaith very good go hiontach great
ceart go leor OK uafásach terrible |

Tusa: _____

_____

5. Cad é an pá? What is the pay?

| Faighim
I get | cúig euro €5 sé euro €6 seacht euro €7 ocht euro €8
naoi euro €9 deich euro €10 | san uair
per hour |

Tusa: _____

Bí ag scríobh! Get writing!

Now use the sentences you have created above to write a paragraph entitled:

"Na Poist i mo Theaghlach" (The Jobs in my Household)

Cluastuiscint – Súil ar Aghaidh...

Na Foirmeacha Ceisteacha...

Let's remind ourselves of the question words again! Remember if you can't understand the question, how can you expect to be able to get the answer?

Here are the basics, along with some common variations. Tick them if you know them. If not go back to page 4 **and learn them!**

Cé? ☐   Cad? ☐   Cá? ☐   Cathain? ☐   Cén fáth? ☐   Conas? ☐

Cé mhéad? ☐   Céard? ☐   Cén t-am? ☐   Cén uair? ☐   Cén lá? ☐

Cén dáta? ☐   Cén duine? ☐   Cén chaoi? ☐   Cén rud? ☐

Triail 3: Poist agus Slite Beatha

CUID A

Cloisfidh tú giota cainte ó bheirt daoine óga sa chuid seo. Cloisfidh tú gach giota díobh *faoi dhó*. Éist go cúramach leo agus líon isteach an t-eolas atá á lorg sna greillí ag 1 agus 2 thíos.

1.   **An Chéad Chainteoir**

Ainm	*Gearóid Ó Dufaigh*
Cén aois é Gearóid?	
Cén post atá ag a athair?	
Cén post ba mhaith le Gearóid féin a fháil?	
Cá ndeachaigh an teaghlach an bhliain seo caite?	

2.   **An Dara Cainteoir**

Ainm	*Dearbhla Ní Chatháin*	
Cén bhliain ina bhfuil sí?		
Dhá ábhar atá ar siúl aici.	(i) _____	
	(ii) _____	
Cén post ba mhaith léi a fháil?		
Cén obair a dhéanann a hathair?		

CUID B

Cloisfidh tú **fógra** agus **píosa nuachta** sa chuid seo. Cloisfidh tú gach ceann díobh *faoi dhó*. Éist go cúramach leo. Beidh sos ann tar éis gach píosa a chloisfidh tú chun seans a thabhairt duit an *dá* cheist a ghabhann le gach píosa a fhreagairt.

Fógra

1.

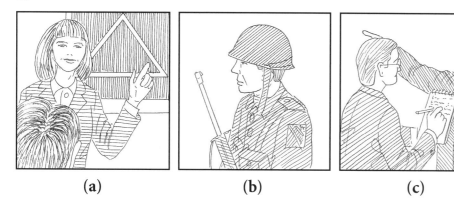

(a)   (b)   (c)   (d)

Cén post atá á fhógairt anseo?

2. **Cén sort duine atá ag teastáil? Duine…**
   - (a) **idir 15–17**
   - (b) **idir 16–17**
   - (c) **idir 17–18**
   - (d) **idir 17–19**

Píosa Nuachta

1.

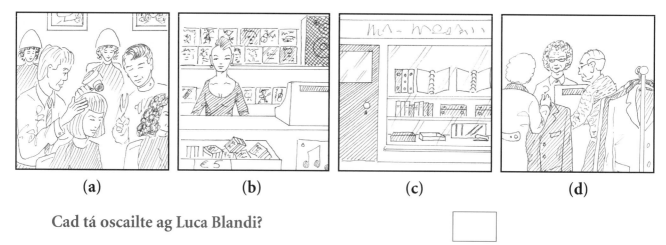

(a)   (b)   (c)   (d)

Cad tá oscailte ag Luca Blandi?

2. **Cé mhéad duine a bheidh ag obair ann?**
   - (a) **6**
   - (b) **16**
   - (c) **60**
   - (d) **66**

32

CUID C

Cloisfidh tú **dhá** chomhrá sa chuid seo. Cloisfidh tú gach comhrá díobh **faoi dhó**. Cloisfidh tú an comhrá ó thosach deireadh an chéad uair. Ansin cloisfidh tú é ina **dhá mhír** an dara huair. Beidh sos tar éis gach míre díobh chun seans a thabhairt duit an cheist a bhaineann leis an mír sin a fhreagairt.

Comhrá a hAon

1.   *An Chéad Mhír*

| (a) | (b) | (c) | (d) |

Cá bhfuil an obair pháirtaimseartha le fáil?

An Dara Mír

2.   Cé mhéad airgid atá le fáil?
   (a) €5.00 san uair
   (b) €10.00 san uair
   (c) €15.00 san uair
   (d) €16.00 san uair

Comhrá a Dó

1.   *An Chéad Mhír*

| (a) | (b) | (c) | (d) |

Cén sórt siopa a bhfuil Pádraig ag glaoch air?

An Dara Mír

1.   Cé mhéad airgid atá le fáil in aghaidh na seachtaine?
   (a) €5.00
   (b) €15.00
   (c) €50.00
   (d) €500.00

Foclóir

CUID A

An Chéad Chainteoir

píolóta pilot aeróstach air hostess Ba mhaith liomsa post a fháil I'd like to get a job mar mheicneoir as a mechanic ag deisiú eitleán fixing planes oibrithe workers eitiltí saor in aisce free flights

An Dara Cainteoir

sa chéad bhliain san ollscoil in first year in University ag déanamh staidéir ar studying Tá mé ag iarraidh I want to Céim Ealaíne Arts Degree sa tríú bliain in third year tiománaí bus bus driver

CUID B

Fógra

idir scríofa agus labhartha both written and spoken ar a laghad at least scrúdú na hArdteistiméireachta Leaving Certificate examination a bheith i d'iriseoir to be a journalist an páipéar nuachta Gaeilge the Irish newspaper cuirfear cúrsa traenála ar fáil a training course will be provided an duine a roghnófar the person who will be chosen gach gné d'obair an iriseora every aspect of the journalist's work

Píosa Nuachta

gruagaire hairdresser idirnáisiúnta international salon gruagaireachta hairdressing shop cáiliúil famous leithéidí the likes of rugadh was born

CUID C

Comhrá a hAon

obair pháirtaimseartha part-time work teach ósta pub i lár an bhaile in the town centre ag cur isteach ar phost applying for a job foirm iarratais application form ón mbainisteoir from the manager an tuarastal the pay Trí euro san uair three euro an hour sclábhaíocht slavery ró-óg too young os cionn sé bliana déag over 16

Comhrá a Dó

siopa nuachtán newsagent cad é an cineál oibre atá i gceist? what kind of work is involved? na páipéir nuachta the newspapers a sheachadadh to deliver Dia ár sábháil! God save us! cén pá atá le fáil? what pay is available? in aghaidh na seachtaine per week airgead a shábháil to save money fá choinne na Nollag for Christmas ba bhreá liom an post sin a fháil I'd love to get that job buail isteach sa siopa drop into the shop

Éist leis an CD arís, ansin líon na bearnaí thíos:

An Chéad Chainteoir

in
is
mé
ea
déag
atá
mhaith

Gearóid Ó Dufaigh an t-ainm _____ ormsa.

Tá _____ ceithre bliana _____ .

Ba _____ liom post a fháil _____ Aer Lingus.

Píolóta _____ ea m'athair.

Aeróstach is _____ mo Mham.

An Dara Cainteoir

Tiománaí
iarraidh
do
mbliana
mo
sa

Tá mé seacht _____ déag.

Tá mé _____ chéad bhliain.

Tá mé ag _____ a bheith i _____ mhúinteoir.

_____ bus is ea m'athair.

Oibríonn sé _____ Bhus Éireann.

An Scoil agus Ábhair Staidéir

Labhraímis Gaeilge! Let's talk Irish!

Now **before we listen to this aural unit** where we will hear about other people's lives, let's look a bit closer to home. These *sentence generators* will help you **talk** about yourself and your school in **short, simple sentences**. Write your answers just below each *sentence generator*.

---

1. Ainm na Scoile – Taisteal The Name of the School – Travel

1. Cad é ainm na scoile seo? What is the name of this school?

_____ | ainm na scoile
 | (is) the name of the school
 | (Check your diary!)

Tusa: _____

2. Conas a thagann tú ar scoil? How do you come to school?

Tagaim ar scoil	ar mo rothar on my bike ar an mbus on the bus
I come to school	ar an traein on the train sa charr in the car
Siúlaim I walk	ar scoil to school

Tusa: _____

3. An bhfuil do theach in aice na scoile? (Cé mhéad míle ón scoil atá do theach?)
   Is your house near the school? (How many miles from the school is your house?)

| Tá mo theach | cúig nóiméad 5 minutes fiche nóiméad 20 minutes | ón scoil |
| My house is | míle a mile dhá mhíle 2 miles trí mhíle 3 miles | from school |

Tusa: _____

---

2. Gach maidin Every morning

1. Cad a dhéanann tú nuair a éiríonn tú gach maidin?
   What do you do when you get up each morning?

Dúisím I wake Éirím I get up	ar a X a chlog
Ithim mo bhricfeasta I eat my breakfast	at X o'clock
Fágaim an teach I leave the house	
Sroichim an scoil I reach the school	(For the time, see pg 7)

Tusa: _____

_____

_____

_____

_____

_____

_____

3. An Scoil Fein The School itself

1. Cé mhéad dalta/múinteoir atá sa scoil?
   How many students/teachers are in the school?

Tá There are	**fiche** (20) **tríocha** (30) **daichead** (40) **caoga** (50) **seasca** (60) **dhá chéad** (200) **trí chéad** (300) **ceithre chéad** (400) **cúig chéad** (500) **sé chéad** (600) **seacht gcéad** (700) **ocht gcéad** (800)	**dalta** student(s) **múinteoir** teacher(s) **buachaill** boy(s) **cailín** girl(s)	**sa scoil** in the school

Tusa: _____

_____

2. An maith leat an scoil? Cén fáth? Do you like school? Why?

Is maith liom I like Ní maith liom I don't like	an scoil school	mar tá sí because it's	go maith good iontach brilliant uafásach terrible (see 'Labels' pg. 8)

Tusa: _____

_____

4. An Lá Scoile The School Day

Use this box to answer questions 1, 2, 3 and 4

Tosaíonn an scoil School starts Bíonn lón againn We have lunch Críochnaíonn an scoil School finishes Bíonn leathlá againn We have a half day	ar a X a chlog at X o'clock (see page 7 for the time) Dé Céadaoin on Wednesday etc.

1. **Cén t-am a thosaíonn an scoil?**
   What time does school start?

Tusa: _____

2. **Cén t-am a bhíonn an lón agaibh?**
   What time does school start?

Tusa: _____

3. **An mbíonn leath lá agaibh? Cén lá?**
   Do you have a half day? What day?

Tusa: _____

4. **Cén t-am a chríochnaíonn an scoil?**
   What time does school finish?

Tusa: _____

5. **Cad a itheann tú ag am lóin?**
   What do you eat at lunch time?

Ithim I eat	**ceapaire** a sandwich **criospaí** crisps **úll** an apple
	oráiste an orange **cnónna** nuts
Ólaim I drink	**bainne** milk **uisce** water **líomanáid** lemonade **cóc** coke etc.

Tusa: _____

6. **An bhfuil siopa/ceaintín sa scoil?**
   Is there a shop/canteen in the school?

| **Tá** There is | **siopa** a shop | **sa scoil** |
| **Níl** There isn't | **ceaintín** a canteen | in the school |

Tusa: _____

5. Éide Scoile School Uniform

1. **Inis dom faoi d'éide scoile. Cén dath atá ar an léine? (etc.)**
   Tell me about your school uniform. What colour is the shirt? (etc)

e.g. **Tá an léine gorm.** The shirt is blue. **Ta an blús liath.** The blouse is grey.

'X' (clothes)	'Y' (colours)
an léine the shirt **an blús** the blouse **an bríste** the trousers **an sciorta** the skirt **an geansaí** the jumper **an cóta** a coat **an seaicéad** the jacket	**gorm** blue **liath** grey **dubh** black **dearg** red **glas (uaithne)** green **bán** white **oráiste** orange

Tusa: *Tá*

_____

_____

2. **An maith leat an éide scoile? Cén fáth?**
   Do you like the school uniform? Why?

Is maith liom é I like it (etc.) **Ní maith liom é** I don't like it	**mar tá sé** because it's	**go deas** nice **go hálainn** lovely **gránna** horrible

Tusa: _____

6. Ábhair Scoile School Subjects

1. **Cad iad na hábhair a dhéanann tú?**
   What subjects do you do?

Déanaim I do	**Gaeilge** Irish **Béarla** English **Fraincis** French **Ealaín** Art **Gearmáinis** German **Spáinnis** Spanish **Adhmadóireacht** Woodwork **Teicneolaíocht** Technology **Miotalóireacht** Metalwork **Matamaitic** Mathematics **Creideamh** Religion **Staidéar Gnó** Business Studies **Corpoideachas** P.E **Ceol** Music **Ríomhairí** **Eolaíocht** Science **Innealtóireacht** Engineering **Stair** History **OSSP** CSPE

Tusa: _____

_____

_____

_____

2. **Cén t-ábhar is fearr leat? Cén fáth?**
   What is your favourite subject? Why?

Is fearr liom There are	Fraincis French Gaeilge Irish (etc.)	mar tá sé because it's	éasca easy difriúil different nua new

Tusa: _____

7. Áiseanna scoile School facilities

Cad iad na háiseanna atá agaibh atá agaibh sa scoil?
What facilities do you have in the school?

Tá halla spóirt sa scoil There is a sports hall in the school

Tá Níl	halla spóirt a sports hall linn snámha a swimming pool leabharlann a library páirc shacair a soccer pitch páirc pheile a Gaelic pitch páirc haca a hockey pitch páirc imeartha a playing pitch raon reatha a running track cúirt leadóige a tennis court cúirt chispheile a basketball court amharclann a theatre bialann a restaurant	againn	sa scoil in the school

Tusa: _____
      _____
      _____

Bí ag scríobh! Get writing!

Now use the sentences you have created above to write a paragraph entitled:

"Mise agus Mo Scoil." (Me and My School.)

Cluastuiscint – Súil ar Aghaidh...

Na Foirmeacha Ceisteacha

What do the following mean? Tick them if you know. If you don't, go back to page 4 and learn them!

Cé? ☐   Cad? (or Céard?) ☐   Cá? (or Cén áit?) ☐   Cathain? (or Cén uair?) ☐

Cén fáth? ☐   Conas? (or Cén chaoi?) ☐   Cé mhéad? ☐   Cén t-am? ☐   Cén lá? ☐

Cén dáta? ☐   Cén aois? ☐

Triail 4: An Scoil agus Ábhair Staidéir

CUID A

Cloisfidh tú giota cainte ó bheirt daoine óga sa chuid seo. Cloisfidh tú gach giota díobh *faoi dhó*. Éist go cúramach leo agus líon isteach an t-eolas atá á lorg sna greillí ag 1 agus 2 thíos.

1.   **An Chéad Chainteoir**

Ainm	*Nuala Nic Raghaill*
Cen dath atá ar a cuid gruaige?	
Conas tá na háiseanna sa scoil?	
Luaigh **dhá** áis atá sa scoil.	(i) _____ (ii) _____

2.   **An Dara Cainteoir**

Ainm	*Learaí Ó Liatháin*
Cén bhliain ina bhfuil sé ar scoil?	
An maith leis an scoil?	
Cén t-am a thosaíonn an scoil?	
Cé mhéad rang a bhíonn aige gach lá?	

CUID B

Cloisfidh tú **fógra** agus **píosa nuachta** sa chuid seo. Cloisfidh tú gach ceann díobh *faoi dhó*. Éist go cúramach leo. Beidh sos ann tar éis gach píosa a chloisfidh tú chun seans a thabhairt duit an *dá* cheist a ghabhann le gach píosa a fhreagairt.

Fógra

1.

(a)   (b)   (c)   (d)

Cén pictiúr a théann leis an bhfógra seo?

2. Cad a bheidh ar siúl sa Halla Spóirt amárach?
- (a) **cluiche peile**
- (b) **ranganna**
- (c) **dioscó**
- (d) **drama**

Píosa Nuachta

1.

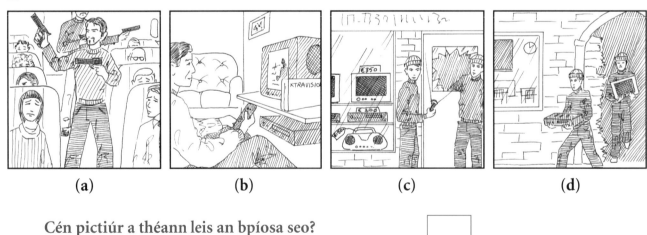

(a)   (b)   (c)   (d)

Cén pictiúr a théann leis an bpíosa seo?

2. Cé mhéad airgid a bhí in oifig na scoile?
- (a) €200
- (b) €300
- (c) €400
- (d) €500

CUID C

Cloisfidh tú **dhá** chomhrá sa chuid seo. Cloisfidh tú gach comhrá díobh **faoi dhó**. Cloisfidh tú an comhrá ó thosach deireadh an chéad uair. Ansin cloisfidh tú é ina *dhá mhír* an dara huair. Beidh sos tar éis gach míre díobh chun seans a thabhairt duit an cheist a bhaineann leis an mír sin a fhreagairt.

Comhrá a hAon

1. *An Chéad Mhír*

|(a)|(b)|(c)|(d)|

Cén pictiúr a théann leis an gcomhrá seo?

An Dara Mír

2. **Cá bhfuil Bean Uí Ghallchóir ina conaí?**
   (a) **Bóthar na Scoile**
   (b) **Bóthar na Trá**
   (c) **Bóthar an Ghleanna**
   (d) **Bóthar Naomh Pádraig**

Comhrá a Dó

1. *An Chéad Mhír*

|(a)|(b)|(c)|(d)|

Cad a bheidh ar siúl amárach?

An Dara Mír

2. **Cad tá ag Deirdre?**
   (a) **liosta**
   (b) **mála spóirt**
   (c) **bróga peile**
   (d) **cóipleabhar**

Foclóir

CUID A

An Chéad Chainteoir

gruaig rua red hair bunscoil primary school an mheánscoil the secondary school na háiseanna sa scoil the facilities in the school Halla Spóirt Sports Hall Cúirteanna Leadóige Tennis Courts Cúirteanna Badmantain Badminton Courts Páirc Haca Hockey Pitch Linn Snámha Swimming Pool Ba mhaith liom bheith i mo mhúinteoir I would like to be a teacher

An Dara Cainteoir

sa tríú bliain in 3rd Year leisciúil lazy leadránach boring Bíonn orainn we have to bheith istigh to be in

CUID B

Fógra

príomhoide principal mar is eol daoibh as you know oifig na scoile the school office Halla Spóirt Sports Hall Leabharlann Library Amharclann na Scoile the School Theatre damáiste damage

Píosa Nuachta

scoil phobail comprehensive school príomhdhoras main door seinnteoir físeán video player i mbosca taisce in a safe in oifig na scoile in the school office

CUID C

Comhrá a hAon

cé atá ag caint? who is speaking? leas-phríomhoide vice-principal conas atá ag éirí le mo mhac? how is my son getting on? i dtrioblóid in trouble i gclós na scoile in the school yard ag am lóin inniu at lunchtime today

Comhrá a Dó

Tá mé sa séú bliain ar scoil leat I'm in sixth year with you an captaen spóirt the sports captain lá spóirt sports day ródhéanach too late cur isteach ar chúpla rud to enter for a couple of things an liosta the list an rás céad méadar the 100 metre race

Súil Siar...

Éist leis an CD arís, ansin líon na bearnaí thíos:

An Chéad Chainteoir

Páirc
Halla
orm
Linn
Cúirteanna

Gruaig rua atá _____ .

Tá _____ Spóirt álainn againn.

Tá _____ Leadóige, Cúirteanna Badmantain,

_____ Haca agus _____ Snámha againn chomh maith.

An Dara Cainteoir

orainn
Is
rang
ar
sa
chlog
bliain

Tá mé _____ tríú _____ ar scoil.

_____ fuath liom an scoil.

Bíonn _____ a bheith istigh _____

a naoi a _____ .

Bíonn naoi _____ leadránacha againn gach lá.

45

Labhraímis Gaeilge! Let's talk Irish!

Now **before we listen to this aural unit** where we will hear about other people's lives, let's look a bit closer to home. These *sentence generators* will help you **talk** about the clubs etc. to be found in your area in **short, simple sentences**. Write your answers just below each *sentence generator*.

1. Do Cheantar Your Area

1. **Cá bhfuil tú i do chónaí?** (Tá tú i do chónaí i… nach bhfuil?)
    Where do you live? (You live in… don't you?)

Tá mé i mo chónaí	<u>in</u> Ath Luain in Athlone ('in' is used with a,e,i,o,u)
	i mBaile Átha Cliath in Dublin

Tusa: *Tá mé i mo chónaí* _____

2. **An maith leat an áit sin? Cén fáth?**
    Do you like that place? Why?

Is maith liom I like Ní maith liom I don't like	an áit the place	mar tá sé because it's	**go deas** nice **ciúin** quiet **glan** clean **cairdiúil** friendly **salach** dirty **dainséarach** dangerous **craiceáilte** crazy

Tusa: _____

_____

2. Clubanna Clubs

1. **Cad a dhéanann na daoine óga? An bhfuil Club Óige (etc.) ann?**
    What do the young people do? Is there a Youth Club (etc.) there?

Tá There's	**club oige** a youth club **club snámha** a swimming club **club rothaíochta** a cycling club **club sacair** a soccer club **club peile** a gaelic club **club leadóige** a tennis club **club gailf** a golf club **club dornálaíochta** a boxing club **club reatha** a running club **club badmantain** a badminton club **club snúcair** a snooker club **club rugbaí** a rugby club	anseo here ar scoil in school

Tusa: _____

_____

2. **An bhfuil tusa in aon chlub?** Are you in any club?

Tá mise I'm	sa club óige a Youth club **sa chlub snámha** in the swimming club **sa chlub rothaíochta** in the cycling club (etc.)

Tusa: _____

3. **Cén oíche/lá dtéann tú chuig an gclub? Cén t-am?**
   What night/day do you go to the club? What time?

Téim go dtí an club I go to the club	Dé Luain on Monday (etc (see page 7 for days)	ar a X a chlog at X o'clock (see page 7 for time)

Tusa: _____

_____

4. **Cé a théann in éineacht leat?**
   Who goes with you?

Téim ann I go there	le mo chara with my friend **le mo chairde** with my friends le mo dheartháir with my brother **le mo dheirfiúr** with my sister

Tusa: _____

3. Rudaí eile sa Cheantar Other things in the Area

1. **Cad eile tá in aice le do theach?** What else is near your house?

Tá There's	**siopaí** shops **séipéal** a church **scoileanna** schools **tithe tábhairne** pubs **linn snámha** a swimming pool **páirc imeartha** a playing field **cúirt leadóige** a tennis court **halla snúcair** a snooker hall **ionad spóirt** a sports centre **pictiúrlann** a cinema **leabharlann** a library **ospidéal** a hospital **amharclann** a theatre **bialann** a restaurant **halla damhsa** a dance hall **galfchúrsa** a golf course **oifig an phoist** the post office	anseo here síos an bóthar down the road

Tusa: _____

_____

_____

2. **Cad iad na radharcanna atá le feiceáil anseo?**
   What are the sights that are to be seen here?

| Tá | an fharraige the sea **an loch** the lake | **le feiceáil** to be seen |
| There's | **an abhainn** the river **na sléibhte** the mountains | **anseo** here |

Tusa: _____

_____

3. **An dtéann tú ag iascaireacht/ag snámh/ag bádóireacht/ag siúl ann?**
   Do you go fishing/swimming/boating/walking there?

Téim ag iascaireacht I go fishing	**anois is arís** now and again **go minic** often
Téim ag snámh I go swimming	**Dé Luain** on Monday etc.
Téim ag bádóireacht I go boating	**sa samhradh** in the summer
Teim ag siúl I go walking	**sa gheimhreadh** in the winter

Tusa: _____

_____

_____

Bí ag scríobh! Get writing!

Now use the sentences you have created above to write a paragraph entitled:

"Mo Cheantar" ("My Area")

Cluastuiscint – Súil ar Aghaidh…

Na hUimhreacha…

Remember the numbers can crop up in all shapes and forms. Write the Irish for the following numbers in the space beside the English. If you get stuck, go back to page 6 **and learn them!**

Twenty-two	_____	Sixty-two	_____
Thirty-three	_____	Seventy-five	_____
Thirty-six	_____	Eighty-three	_____
Forty-four	_____	Eighty-seven	_____
Fifty-one	_____	Ninety-eight	_____
Fifty-five	_____	Ninety-nine	_____

Triail 5: Eagrais agus Seirbhísí

CUID A

Cloisfidh tú giota cainte ó bheirt daoine óga sa chuid seo. Cloisfidh tú gach giota díobh *faoi dhó*. Éist go cúramach leo agus líon isteach an t-eolas atá á lorg sna greillí ag 1 agus 2 thíos.

1. **An Chéad Chainteoir**

Ainm	*Dearbhla Ní Chathasaigh*
Cén dath atá ar a cuid gruaige?	
Luaigh <u>dhá</u> rud a thaitníonn léi.	(i) _____ (ii) _____
Cad tá uirthi?	
Cá mbeidh sí ag dul amárach?	

2. **An Dara Cainteoir**

Ainm	*Peadar Ó Catháin*
Cén sort club ina bhfuil sé?	
Cé mhéad ball atá sa chlub?	
Luaigh <u>dhá</u> chaitheamh aimsire a bhíonn ar siúl sa chlub.	(i) _____ (ii) _____

CUID B

Cloisfidh tú **fógra** agus **píosa nuachta** sa chuid seo. Cloisfidh tú gach ceann díobh *faoi dhó*. Éist go cúramach leo. Beidh sos ann tar éis gach píosa a chloisfidh tú chun seans a thabhairt duit an *dá* cheist a ghabhann le gach píosa a fhreagairt.

Fógra

1.

(a)   (b)   (c)   (d)

Cén pictiúr a théann leis an bhfógra seo?

2.   Cé mhéad seachtain atá i gceist?
- (a) **2 sheachtain**
- (b) **10 seachtaine**
- (c) **12 sheachtain**
- (d) **20 seachtain**

Píosa Nuachta

1.

(a)   (b)   (c)   (d)

Cén pictiúr a théann leis an bpíosa seo?

2.   Cá bhfuil Ruairí anois?
- (a) **sa chlubtheach**
- (b) **san ospidéal**
- (c) **ar an bhfeirm**
- (d) **ar an bpáirc**

Cloisfidh tú **dhá** chomhrá sa chuid seo. Cloisfidh tú gach comhrá díobh **faoi dhó**. Cloisfidh tú an comhrá ó thosach deireadh an chéad uair. Ansin cloisfidh tú é ina **dhá mhír** an dara huair. Beidh sos tar éis gach míre díobh chun seans a thabhairt duit an cheist a bhaineann leis an mír sin a fhreagairt.

Comhrá a hAon

1. *An Chéad Mhír*

     (a)   **(b)**   **(c)**   **(d)**

Cé tá ag caint le Pádraig sa chomhrá seo?

An Dara Mír

2. **Cad a tharla do Phádraig ar an Deardaoin (mar dhea)?**
   - (a) **Thit sé as an leaba**
   - (b) **Thit sé dá rothar**
   - (c) **Thit sé dá chathaoir**
   - (d) **Thit sé sa chlós**

Comhrá a Dó

1. *An Chéad Mhír*

     (a)   **(b)**   **(c)**   **(d)**

Cén pictiúr a théann leis an gcomhrá seo?

An Dara Mír

2. **Cén abairt atá fíor?**
   - (a) **Bhí aláram sa teach**
   - (b) **Ní raibh aláram sa teach**
   - (c) **Bhí an t-aláram scriosta**
   - (d) **Bhí an t-aláram goidte**

Foclóir

CUID A

An Chéad Chainteoir

Tá fadhb amháin agam I have one problem rudaí siúcrúla sugary things an gcreidfeá? would you believe? ag dul chuig an bhfiaclóir going to the dentist maróidh sé mé he'll kill me

An Dara Cainteoir

Is ball de Chlub Óige mé I am a member of a Youth Club bíonn an-chraic ar fad agam I (do) have great craic seachtó ball seventy members gníomhaíocht activity leadóg bhoird table tennis snúcar snooker drámaíocht drama cispheil basketball gleacaíocht gymnastics

CUID B

Fógra

ranganna snámha swimming classes cúrsa snámha swimming course cosnóidh will cost dhá euro in aghaidh na seachtaine two euro per week an t-aoisghrúpa the age group

Píosa Nuachta

gortaíodh was hurt ball member bhain an ghaoth an díon de the wind took the roof off cóisir na Nollag Christmas Party suas le caoga ball up to fifty members cathaoirleach an chlub the chairman of the club an tubaiste the disaster scláta a slate ag teacht chuige féin recovering

CUID C

Comhrá a hAon

príomhoide principal Ó a dhiabhail! Oh jeepers! tinneas fiacaile toothache an créatúr bocht the poor creature ina shuí an oíche ar fad up all night bhí air dul go dtí an t-ospidéal he had to go to the hospital ghortaigh sé he hurt Aithním do ghlór I recognise your voice Níl rud ar bith cearr leatsa There's nothing wrong with you

Comhrá a Dó

Cén tseirbhís atá uait? What service do you want? Gardaí Síochána Police robálaí robber tarraiceán drawer aláram alarm solas ar lasadh light on Tá an leictreachas an-daor Electricity is very dear glas a lock

Éist leis an CD arís, ansin líon na bearnaí thíos:

An Chéad Chainteoir

Súile gorma atá _____ agus tá mo _____ donn.

Tá mé ceithre _____ deag.

Tá _____ an domhain orm

mar _____ mé ag dul _____ an bhfiaclóir amárach.

_____ sé mé.

maróidh
beidh
ghruaig
chuig
eagla
agam
bliana

An Dara Cainteoir

Is ball de _____ Óige mé.

Bíonn an-chraic _____ ann.

Bíonn an club ar _____ ar an Máirt agus ar an Déardaoin.

Tá thart ar seachtó _____ ann.

Bíonn gach gníomhaíocht _____ spéir _____ .

againn
ball
Chlub
siúl
faoin
agam

Siopaí agus Siopadóireacht

Labhraímis Gaeilge! Let's talk Irish!

Now **before we listen to this aural unit** where we will hear about other people's shopping habits, let's look a bit closer to home. These *sentence generators* will help you **talk** about the shops in your area in **short, simple sentences**.

1. Siopaí sa cheantar Shops in the area

1. **An bhfuil siopaí in aice le do theach? Cén sórt siopaí?**
   Are there a shops near your house? What sort of shops?

Tá There's	ollmhargadh a supermarket **siopa glasraí** a vegetable shop **siopa grósaera** a grocer's shop **siopa búistéara** a butchers shop **siopa poitigéara** a chemists shop **siopa peataí** a pet shop **siopa spóirt** a sports shop **siopa éadaigh** a clothes shop **siopa nuachtán** a newspaper shop **siopa milseán** a sweet shop **siopa bróg** a shoe shop **siopa ceoil** a music shop **siopa leabhar** a book shop **siopa crua-earraí** a hardware shop	**anseo** here **síos an bóthar** down the road

Tusa: _____

_____

_____

2. **Cá dtéann tú ag siopadóireacht le éadaí nua a cheannach?**
   Where do you go shopping to buy new clothes?

Téim go dtí I go to	Siopa Éadaigh de Brún de Brún's Clothes Shop (etc.) An tIonad Siopadóireachta The Shopping Centre an baile mór the town an chathair the city

Tusa: _____

_____

3. **An bhfuil siopaí maithe éadaigh anseo?**
   Are there good clothes shops here?

Tá siopa 'X' 'X's shop is Tá 'The Jean Factory' The Jean Factory is	go maith good an-mhaith very good go hiontach excellent

Tusa: _____

4. **Cad é an siopa is fearr leat?** What is your favourite shop?

Is fearr liom	"Clothes-World"
I prefer	Siopa de Brún (etc.) Browns (etc.)

Tusa: _____

2. An Bhialann The Restaurant

1. **An dtéann tú go dtí bialann go minic?** Do you go to a restaurant often?

Téim	go dtí bialann	anois is arís now and again go minic often
I go	to a restaurant	Dé Sathairn on Saturday (etc.)

Tusa: _____

2. **Cén bhialann is fearr leat?** What's your favourite restaurant?

Is fearr liom	Supermacs Supermacs McDonald's McDonald's
I prefer	Burgerland Burgerland (etc.)

Tusa: _____

3. **Cad a itheann tú i McDonalds?** (etc) What do you eat in McDonalds? (etc.)

Ithim I eat	borgairí burgers sceallóga chips sicín chicken sailéid salads
	cnaipíní sicín chicken nuggets uachtar reoite ice cream
Ólaim I drink	creatháin bhainne milkshakes cóc coke tae tea caife

Tusa: _____

4. **Cad é an bia is fearr leat?** What is you favourite food?

Is fearr liom	bia sciobtha fast food bia Éireannach Irish food bia Iodálach
I prefer	Italian Food bia Síneach Chinese food bia Indiach Indian food

Tusa: _____

Bí ag scríobh! Get writing!

Now use the sentences you have created above to write a paragraph entitled:

"Mise, an Siopa agus an Bhialann" ("Me, The Shop and The Restaurant")

Cluastuiscint – Súil ar Aghaidh…

Caint an airgid! Money talk!

An Euro The Euro

euro (€1) dhá euro (€2) trí euro (€3)	deich cent (10c)
ceithre euro (€4) cúig euro (€5) sé euro (€6)	fiche cent (20c)
seacht euro (€7) ocht euro (€8) naoi euro (€9)	tríocha cent (30c)
deich euro (€10) fiche euro (€20) tríocha euro (€30)	daichead cent (40c)
daichead euro (€40) caoga euro (€50) seasca euro (€60)	caoga cent (50c)
seachtó euro (€70) ochtó euro (€80) nócha euro (€90)	seasca cent (60c)
céad euro (€100) dhá chéad euro (€200)	seachtó cent (70c)
trí chéad euro (€300)	ochtó cent (80c)
	nócha cent (90c)

agus and (between columns)

Triail 6: Siopaí agus Siopadóireacht

<u>CUID A</u>

Cloisfidh tú giota cainte ó bheirt daoine óga sa chuid seo. Cloisfidh tú gach giota díobh *faoi dhó*. Éist go cúramach leo agus líon isteach an t-eolas atá á lorg sna greillí ag 1 agus 2 thíos.

1. <u>An Chéad Chainteoir</u>

Ainm	*Risteard Ó Súilleabháin*
Cén baile a luann sé?	
Cén cineál siopa atá ag a athair?	
Cathain a chabhraíonn sé lena athair?	
Luaigh **dhá** shórt glasra a bhíonn ar díol sa siopa.	(i) _____ (ii) _____

2. <u>An Dara Cainteoir</u>

Ainm	*Máirín Ní Mhathúna*
Cad is breá léi a dhéanamh?	
Cén lá a théann sí go lár na cathrach?	
Luaigh **dhá** rud a cheannaíonn sí lena hairgead póca.	(i) _____ (ii) _____

Cloisfidh tú **fógra** agus **píosa nuachta** sa chuid seo. Cloisfidh tú gach ceann díobh *faoi dhó*. Éist go cúramach leo. Beidh sos ann tar éis gach píosa a chloisfidh tú chun seans a thabhairt duit an *dá* cheist a ghabhann le gach píosa a fhreagairt.

Fógra

1.

(a)   **(b)**   **(c)**   **(d)**

Cén pictiúr a théann leis an bhfógra seo?

2.   Cén t-am a bhíonn an áit seo oscailte ar an Satharn?
- (a) **9–1**
- (b) **9–5**
- (c) **10–1**
- (d) **10–5**

Píosa Nuachta

1.

(a)   **(b)**   **(c)**   **(d)**

Cén pictiúr a théann leis an bpíosa nuachta seo?

2.   Cén sórt siopa a osclófar amárach?
- (a) **siopa ríomhairí**
- (b) **siopa spóirt**
- (c) **siopa éadaigh**
- (d) **siopa ceoil**

CUID C

Cloisfidh tú **dhá** chomhrá sa chuid seo. Cloisfidh tú gach comhrá díobh **faoi dhó**. Cloisfidh tú an comhrá ó thosach deireadh an chéad uair. Ansin cloisfidh tú é ina *dhá mhír* an dara huair. Beidh sos tar éis gach míre díobh chun seans a thabhairt duit an cheist a bhaineann leis an mír sin a fhreagairt.

Comhrá a hAon

1. *An Chéad Mhír*

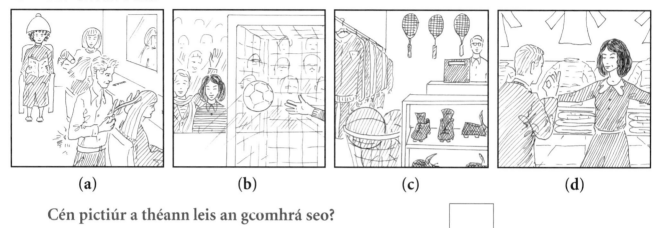

(a)	(b)	(c)	(d)

Cén pictiúr a théann leis an gcomhrá seo?

An Dara Mír

2. Cad a fuair Nuala ar leathphraghas?
   - (a) **raicéad leadóige**
   - (b) **raicéad scuais**
   - (c) **raicéad badmantain**
   - (d) **bróga reatha**

Comhrá a Dó

An Chéad Mhír

1. Cá bhfuil Síle ag obair?
   - (a) **in oifig an phoist**
   - (b) **sa cheoláras Náisiúnta**
   - (c) **i siopa ceoil**
   - (d) **i mbialann**

2. *An Dara Mír*

(a)	(b)	(c)	(d)

Cá rachaidh Síle agus Dónal sa Daingean amárach?

58

Foclóir

CUID A

An Chéad Chainteoir

cúpla míle taobh amuigh de a couple of miles outside of Cill Chainnigh Kilkenny siopa glasraí vegetable shop Ionad Siopadóireachta Shopping Centre lár an bhaile town centre cabhraím le m'athair I help my Dad leathlá ón scoil half day from school gach cineál glasra every type of vegetable torthaí úra fresh fruits

An Dara Cainteoir

ag siopadóireacht shopping bus a thógáil to take a bus lár na cathrach city centre na rudaí áille the lovely things airgead póca pocket money gúna dress blús blouse péire bróg pair of shoes

CUID B

Fógra

peataí pets achan chineál every kind na hainmhithe gleoite the lovely animals cúig bhomaite five minutes ó lár an bhaile from the town centre

Píosa Nuachta

le dúnadh to be closed úineir owner rogha choice leathphraghas half price osclófar will be opened

CUID C

Comhrá a hAon

sladmhargadh sale Siopa Spóirt Uí Bhriain O'Brien's Sports Shop raicéid leadóige tennis rackets liathróidí cispheile basketball balls camáin hurleys sliotair hurling balls cultacha snámha swimming outfits cultacha peile football outfits bróga reatha running shoes fuist! shush! cad faoi na praghsanna? what about the prices? craiceáilte crazy raicéad scuais squash racket ar leathphraghas half price aon bhataí gailf any golf clubs praghas réasúnta reasonable price tairiscint speisialta special offer scáth fearthainne umbrella saor in aisce free

Comhrá a Dó

post páirtaimseartha part-time job siopa ceoil music shop sa Daingean in Dingle nach ort atá an t-ádh! aren't you the lucky one! d'fhéadfá a rá! you could say that again! an íosfaimid lón le chéile? will we eat lunch together? díreach trasna an bhóthair just across the road go hiontach! great!

Éist leis an CD arís, ansin líon na bearnaí thíos:

An Chéad Chainteoir

Tá mé _____ mo chónaí cúpla _____ taobh amuigh

de bhaile Chill Chainnigh.

Siopadóir is _____ m'athair.

Tá siopa glasraí againn in Ionad _____

istigh i lár an bhaile.

Cabhraím _____ m'athair sa siopa _____ Satharn.

gach
Siopadóireachta
míle
i
le
ea

An Dara Cainteoir

Is breá liomsa _____ ag siopadóireacht.

Níl rud _____ bith is _____ liom.

Faighimse go leor _____ phóca ó mo thuismitheoirí.

Bím _____ ann gúna nó blús nua nó péire bróg a _____ .

Nach _____ atá an t-ádh.

in
orm
cheannach
ar
airgid
fearr
bheith

Cúrsaí Airgid agus Coigiltis

Labhraímis Gaeilge! Let's talk Irish!

Now **before we listen to this aural unit** where we will hear about other peoples' lives, let's look a bit closer to home. These *sentence generators* will help you **talk** about yourself and your money in **short, simple sentences!**

1. Cúrsaí airgid Money matters

1. **An bhfaigheann tú airgead póca? Cathain?** Do you get pocket money? When?

| Faighim
I get | airgead póca
pocket money | gach
every | Déardaoin Thursday Aoine Friday
Satharn Saturday Domhnach Sunday |

Tusa: _____

2. **Cé a thugann an t-airgead póca duit?** Who gives the pocket money to you?

Tugann Mam Mam gives Tugann Daid Dad gives	cúig euro €5	dom
Tugann Mamó Gran gives Tugann Daideo Grandad gives	deich euro €10	to me
Tugann m'uncail My uncle gives	cúig euro déag	
Tugann m'aintín My aunt gives	€15	
Tugann mo dheartháir My brother gives	fiche euro €20	
Tugann mo dheirfiúr My sister gives	etc.	

Tusa: _____

_____

_____

3. **Conas a chaitheann tú d'airgead póca?** How do you spend your pocket money?

Ceannaím I buy	milseáin sweets irisí magazines leabhair books	de ghnáth usually gach lá every day go minic often
Cheannaigh mé I bought	albaim albums cluichí games éadaí clothes	inné yesterday an tseachain seo caite last week
Ceannóidh mé I will buy	(etc.)	amárach tomorrow an tseachtain seo chugainn next week

Tusa: _____

_____

_____

4. **Cad a dhéanann tú don airgead póca?** What do you do for pocket money?

Glanaim I clean	**mo sheomra** my room	**anois is arís**
Scuabaim I sweep	**an teach** the house	occasionally
Sciúraim I scrub	**an t-urlár** the floor	**go minic** often
Leagaim I lay	**an bord** the table	**gach lá** every day
Cóirím I 'make'	**na leapacha** the beds	**gach Satharn** every Saturday
Ním I wash	**an carr** the car **na gréithe** the dishes	
Triomaím I dry	**na héadaí** the clothes	
Déanaim I do	**an chócaireacht** the cooking	**uair sa mhí**
Tochlaím I dig	**an gairdín** the garden	once a month
Gearraim I cut	**an féar** the grass	

Tusa:
_____

_____

_____

_____

2. Cúrsaí coigiltis Saving matters

1. **An bhfuil cuntas agat sa bhanc (etc.)?** Have you an account in the bank (etc.)?

Tá cuntas agam	**sa Bhanc** in the Bank **i mBanc na Scoile** in the School Bank
I have an account	**in Oifig an Phoist** in the Post Office etc.

Tusa:
_____

2. **Cé mhéad atá i dtaisce agat faoi láthair?**
    How much have you in savings at the moment?

Tá	**fiche euro** (€20) **tríocha euro** (€30) **daichead euro** (€40)	**agam**
	caoga euro (€50) **seasca euro** (€60) **seachtó euro** (€70)	
	ochtó euro (€80) **nócha euro** (€90) **céad euro** (€100) (etc.)	

Tusa:
_____

Bí ag scríobh! Get writing!

Now use the sentences you have created above to write a paragraph entitled:

"Mise agus Mo Chuid Airgid" ("Me and My Money").

Cluastuiscint – Súil ar Aghaidh…

Eurochaint Eurotalk

Let's look at the euro again:

Cé mhéad?

Thug mé	deich euro (€10) fiche euro (€20) tríocha euro (€30)	air
I gave	daichead euro (€40) caoga euro (€50) seasca euro (€60)	for it
D'íoc mé	seachtó euro (€70) ochtó euro (€80) nócha euro (€90)	orthu
I paid	céad euro (€100) dhá chéad euro (€200) trí chéad euro (€300)	for them

Triail 7: Cúrsaí Airgid agus Coigiltis

CUID A

Cloisfidh tú giota cainte ó bheirt daoine óga sa chuid seo. Cloisfidh tú gach giota díobh *faoi dhó*. Éist go cúramach leo agus líon isteach an t-eolas atá á lorg sna greillí ag 1 agus 2 thíos.

1. <u>**An Chéad Chainteoir**</u>

Ainm	*Mairéad Ní Mhaonaigh*
Cá bhfuil cónaí uirthi?	
Cé mhéad airgid a fhaigheann sí?	
Cathain a fhaigheann sí an t-airgead?	
Luaigh rud amháin a dhéanann sí sa teach.	

2. <u>**An Dara Cainteoir**</u>

Ainm	*Áine Ní Bhraonáin*
Cén aois í?	
Cad a dhún? (Cad a dúnadh?)	
Cé tá dífhostaithe?	
Luaigh bille amháin a bhíonn le híoc.	

CUID B

Cloisfidh tú **fógra** agus **píosa nuachta** sa chuid seo. Cloisfidh tú gach ceann díobh *faoi dhó*. Éist go cúramach leo. Beidh sos ann tar éis gach píosa a chloisfidh tú chun seans a thabhairt duit an *dá* cheist a ghabhann le gach píosa a fhreagairt.

Fógra

1.

(a)　　　　　(b)　　　　　(c)　　　　　(d)

Cén pictiúr a théann leis an bhfógra seo?

2.　　Cén t-am a bheidh an Banc Scoile oscailte?
　　　　(a) **11.30 – 12.30**
　　　　(b) **12.30 – 1.00**
　　　　(c) **1.30 – 2.00**
　　　　(d) **2.30 – 3.00**

Píosa Nuachta

1.

(a)　　　　　(b)　　　　　(c)　　　　　(d)

Cén pictiúr a théann leis an bpíosa seo?

2.　　Cé a gheobhaidh bia agus éadaí?
　　　　(a) **muintir Bhaile Átha Cliath**
　　　　(b) **muintir Chábán tSíle**
　　　　(c) **muintir na Somáile**
　　　　(d) **muintir Ghort a' Choirce**

CUID C

Cloisfidh tú **dhá** chomhrá sa chuid seo. Cloisfidh tú gach comhrá díobh **faoi dhó**. Cloisfidh tú an comhrá ó thosach deireadh an chéad uair. Ansin cloisfidh tú é ina *dhá mhír* an dara huair. Beidh sos tar éis gach míre díobh chun seans a thabhairt duit an cheist a bhaineann leis an mír sin a fhreagairt.

Comhrá a hAon

1. *An Chéad Mhír*

(a)   (b)   (c)   (d)

Conas a chaith Dónall cuid den airgead?   ☐

An Dara Mír

2. Cá mbeidh Dónall ag dul?
    - (a) **ceolchoirm**
    - (b) **an banc**
    - (c) **abhaile**
    - (d) **turas**

    ☐

Comhrá a Dó

1. *An Chéad Mhír*

(a)   (b)   (c)   (d)

Cén pictiúr a théann leis an gcomhrá seo?   ☐

An Dara Mír

2. Cén tslí bheatha atá ag Pól Ó Cearbhaill?
    - (a) **garda**
    - (b) **múinteoir**
    - (c) **bainisteoir bainc**
    - (d) **gadaí**

    ☐

CUID A

An Chéad Chainteoir

i lár na tíre in the centre of the country i mBaile Átha Luain in Athlone Town sa tseachtain per week airgead póca pocket money a chuid pá his pay uaireanta sometimes ním na gréithe I wash the dishes glanaim an parlús I clean the parlour cóirím na leapacha I make the beds

An Dara Cainteoir

airgead póca pocket money monarcha factory tá sé dífhostaithe ó shin he's unemployed since then airgead le spáráil money to spare chun na billí a íoc to pay the bills leictreachas electricity gás gas morgáiste mortgage

CUID B

Fógra

ardmháistir headmaster Banc Scoile School Bank cuntas bainc a oscailt to open a bank account airgead a chur isteach to put money in

Píosa Nuachta

ócáid speisialta special occasion bhronn scoláirí students presented eagraíocht organisation cabhair help na daoine bochta the poor people sa Tríú Domhan in the Third World úsáidfear an t-airgead the money will be used ag fáil bháis den ocras dying of hunger gorta famine ar siúl ina dtír going on in their country

CUID C

Comhrá a hAon

Cén chaoi a bhfuil ag éirí leat? How are you getting on? Tá fadhb amháin agam I have one problem Níl aon airgead fágtha agam I've no money left Cad air a bhfuil tú ag caitheamh do chuid airgid? What are you spending your money on? chun a gceolchoirm a fheiceáil to see their concert chosain sé sin that cost bronntanas álainn a lovely present a stóirín darling nach tú an peata? aren't you the pet? cuirfidh mé níos mó airgid chugat I'll send you more money ag dul ar thuras lae going on a day trip Cathair na Mart Westport

Comhrá a Dó

caithfidh sibh teacht you'll have to come ar an bpriomhshráid on the main street ná bac liomsa don't mind me Is mise an bainisteoir bainc I'm the bank manager an doras cúil the back door an doras tosaigh the front door An gcreidfeá sin? Would you believe that?

Súil Siar...

Éist leis an CD arís, ansin líon na bearnaí thíos:

An Chéad Chainteoir

Tá _____ orm i _____ na tíre.

Deich euro a fhaighimse sa _____

mar _____ póca.

Tugann m'athair _____ é oíche Dé hAoine.

Uaireanta _____ na gréithe, nó _____ an parlús.

Tugann sí cúpla _____ dom.

glanaim
dom
tseachtain
cónaí
euro
ním
airgead
lár

An Dara Cainteoir

Is _____ Áine Ní Bhraonáin.

Airgead póca? Cad _____ sin?

Tá mé cúig bliana _____ .

Dhún _____ mhonarcha a raibh Daid _____ obair ann.

Ní bhíonn _____ airgid le spáráil aige.

Imíonn gach pingin chun na _____ a íoc.

an
déag
mórán
é
billí
mise
ag

Labhraímis Gaeilge! Let's talk Irish!

Now **before we listen to this aural unit** where we will hear about other people's lives, let's look a bit closer to home. These *sentence generators* will help you **talk** about yourself and clothes in **short, simple sentences.**

Éadaí agus Faisean

1. **Cén dath is fearr leat?** What is your favourite colour?

An dath is fearr liom	ná	**dearg** red **gorm** blue **glas** green **oráiste** orange **liath** grey
My favourite colour	'is'	**dúghorm** navy blue **buí** yellow **corcra** purple **donn** brown
Dath deas eile		**dubh** black **bándearg** pink **bán** white
Another nice colour		

Tusa: _____

_____

2. **Cén sórt éadaí is fearr leat/is fuath leat?**
    What kind of clothes do you prefer/hate?

Is maith liom I like	**seanéadaí** old clothes **éadaí galánta** smart clothes
Is breá liom I love	**blúsanna** blouses **brístí deinim** jeans **brístí** trousers
	carbhait ties **criosanna** belts **gúnaí** dresses **geansaithe** jumpers
Is fearr liom I prefer	**hataí** hats **bróga** shoes **sciortaí** skirts **seaicéid** jackets
Ní maith liom I don't like	**cótaí móra** overcoats **léinte** shirts **scaifeanna** scarves
Is fuath liom I hate	**lámhainní** gloves **stocaí** socks

Tusa: _____

_____

_____

_____

_____

_____

3. **Cad a chaitheann tú ó lá go lá?** What do you wear from day to day?

	mo chulaith scoile my school uniform	
Caithim	**seanéadaí** old clothes **bríste deinim** jeans	**gach lá** every day
I wear	**bríste** trousers **blús** a blouse **carbhat** a tie	**ar scoil** at school
	crios a belt **gúna** a dress **geansaí** a jumper	
Chaith mé	**hata** a hat **péire bróg** a pair of shoes	**inné** yesterday
I wore	**sciorta** a skirt **seaicéad** a jacket **léine** a shirt	
	T-Léine a T-shirt **scaif** a scarf **miotóga** gloves	**amárach** tomorrow
	stocaí socks	
Caithfidh mé	**éadaí galánta** 'cool' clothes	**chuig an dioscó** to the disco
I will wear	**mo chuid éadaigh nua** my new clothes	**ag an deireadh seachtaine**
	mo léine nua my new shirt (etc.)	at the weekend
		Dé hAoine on Friday
		Dé Sathairn on Saturday
		Dé Domhnaigh on Sunday

Tusa:

_____

_____

_____

_____

_____

_____

_____

_____

_____

_____

_____

_____

Bí ag scríobh! Get writing!

Now use the sentences you have created to write a piece entitled:

"Mise agus Mo Chuid Éadaigh"

Cluastuiscint – Súil ar Aghaidh...

Let's have another look at the question word **Cén?** Now as you saw on page 4, **Cén?** can be used with other words to make a single question word in English. For example **Cén fáth?** (literally "What's the reason?") translates into English as **Why?**

Look at the following words that use **Cén?**
See if you can think of a **single** word in Irish that means the same thing.

Cén duine? _____ ?   Cén uair?   _____ ?

Cén rud?   _____ ?   Cén chaoi? _____ ?

Cén áit?   _____ ?

Choose from **Cathain?; Conas?; Cé?; Cad?; Cá?**

Triail 8: Éadaí agus Faisean

CUID A

Cloisfidh tú giota cainte ó bheirt daoine óga sa chuid seo. Cloisfidh tú gach giota díobh *faoi dhó*. Éist go cúramach leo agus líon isteach an t-eolas atá á lorg sna greillí ag 1 agus 2 thíos.

1. **An Chéad Chainteoir**

Ainm	*Máirín de Barra*
Cé mhéad deirfiúr atá ag Máirín?	
Cé mhéad deartháir atá aici?	
Cad iad na héadaí a cheannaigh Máire do na cailíní?	
Luaigh rud <u>amháin</u> a cheannaigh sí do Sheán.	

2. **An Dara Cainteoir**

Ainm	*Úna Ní Choisdealbha*
Cá bhfuil sí ina conaí?	
Cá bhfuil sí ag obair?	
An maith léi an post?	
Cad a bhíonn seans aici a cheannach?	

CUID B

Cloisfidh tú **fógra** agus **píosa nuachta** sa chuid seo. Cloisfidh tú gach ceann díobh *faoi dhó*. Éist go cúramach leo. Beidh sos ann tar éis gach píosa a chloisfidh tú chun seans a thabhairt duit an *dá* cheist a ghabhann le gach píosa a fhreagairt.

Fógra

1.

| (a) | (b) | (c) | (d) |

Cén pictiúr a théann leis an bhfógra seo?

2.   Cén t-am a thosaigh an díolachán?
- (a) **9.00**
- (b) **10.00**
- (c) **10.30**
- (d) **11.00**

Píosa Nuachta

1.

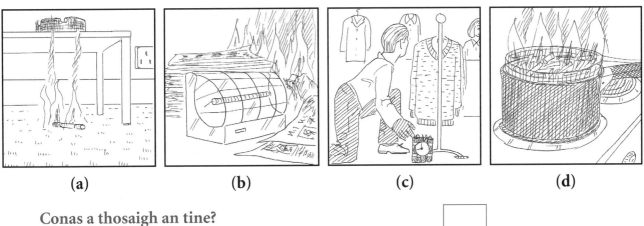

| (a) | (b) | (c) | (d) |

Conas a thosaigh an tine?

2.   Cén sort éadaí a scriosadh?
- (a) **éadaí ban**
- (b) **éadaí trá**
- (c) **éadaí fear**
- (d) **éadaí páistí**

CUID C

Cloisfidh tú *dhá* chomhrá sa chuid seo. Cloisfidh tú gach comhrá díobh *faoi dhó*. Cloisfidh tú an comhrá ó thosach deireadh an chéad uair. Ansin cloisfidh tú é ina *dhá mhír* an dara huair. Beidh sos tar éis gach míre díobh chun seans a thabhairt duit an cheist a bhaineann leis an mír sin a fhreagairt.

Comhrá a hAon

1.   *An Chéad Mhír*

(a)   (b)   (c)   (d)

Cá mbeidh an cailín ag dul anocht?

An Dara Mír

2.   Cá bhfuil an gúna anois?
     (a) **ag an bpictiúrlann**
     (b) **ag na glantóirí**
     (c) **ag Orla**
     (d) **ag Niamh**

Comhrá a Dó

1.   *An Chéad Mhír*

(a)   (b)   (c)   (d)

Cén pictiúr a théann leis an gcomhrá seo?

An Dara Mír

2.   Cé mhéad atá ar an gcóta minc anois?
     (a) €50
     (b) €500
     (c) €5,000
     (d) €50,000

Foclóir

CUID A

An Chéad Chainteoir

beidh a laethanta breithe ag an triúr acu the three of them will have their birthdays
cheannaíos I bought **sciorta** a skirt **blús** a blouse **geansaí** a jumper **péire álainn de bhróga
leathair** a lovely pair of leather shoes

An Dara Cainteoir

Rugadh i gCo. Mhaigh Eo mé I was born in Mayo **is i gCill Chainnigh atá cónaí orm anois**
it's in Kilkenny I live now **siopa éadaigh** clothes shop **i lár an bhaile** in the centre of the town
éadaí a cheannach ar phraghas íseal to buy clothes at a low price

CUID B

Fógra

díolachán speisialta a special sale **siopa éadaigh** clothes shop **ar an bpríomhshráid** on the
main street **i mBaile Coimín** in Blessington **cótaí leathair** leather coats **ar leathphraghas**
at half price **ar phraghsanna craiceáilte** for crazy prices

Píosa Nuachta

siopa éadaigh clothes shop **i lár na Gaillimhe** in the centre of Galway **scriosadh**
was destroyed **luach na mílte punt** thousands of pounds worth **cultacha éadaigh** suits
agus éadaí fear i gcoitinne men's clothes in general **tine leictreach** electric fire **fágadh an tine**
the fire was left **ar lasadh** lighting **seomra stórais** storeroom **chuaigh an áit trí thine**
the place went on fire

CUID C

Comhrá a hAon

An cuimhin leat? Do you remember? **a thug mé ar iasacht duit** that I lent you **ag dul chuig
cóisir** going to a party **an dtabharfaidh tú ar ais dom é?** will you give it back to me? **ag dul
amach chuig scannán** going out to a picture **ag iarraidh é a chaitheamh** wanting to wear it
tá do ghúna ag na glantóirí your dress is at the cleaners **óinseach** fool

Comhrá a Dó

sladmhargadh sale **siopa galánta** posh shop **éadaí ón Iodáil agus ón Spáinn** clothes from
Italy and Spain **cóta minc** mink coat **níl oiread agus cúig euro agam** I haven't even €5.00
gan trácht ar not to mention **táim beo bocht** I'm poverty stricken

Súil Siar...

Éist leis an CD arís, ansin líon na bearnaí thíos:

An Chéad Chainteoir

Tá beirt deirfiúracha _____ agus deartháir _____.

Beidh _____ laethanta breithe _____ an tseachtain seo chugainn.

Éadaí a _____ mé dóibh ar fad mar bhronntanas.

Cheannaigh mé geansaí _____ Sheán.

do
a
agam
cheannaigh
amháin
acu

An Dara Cainteoir

Rugadh _____ gCo. Mhaigh Eo mé.

Is i gCill Chainnigh atá _____ orm anois.

Tá mé ag _____ i siopa éadaigh i _____ an bhaile.

Is breá _____ an post.

Bíonn seans _____ eadaí a _____ ar phraghas íseal.

agam
liom
obair
cheannach
i
lár
cónaí

Timpistí agus Dainséar

Labhraímis Gaeilge! Let's talk Irish!

Now **before we listen to this aural unit** where we will hear about other people's lives, let's look a bit closer to home. These *sentence generators* will help you **talk** about yourself in **short, simple sentences.**

1. An t-Ospidéal – Timpistí The Hospital – Accidents

1. An bhfuil ospidéal (otharlann) sa cheantar seo? Is there a hospital in this area?

Tá There is	ospidéal a hospital	anseo here
Níl There isn't	otharlann a hospital	sa cheantar in the area

Tusa: _____

2. Cad is ainm don ospidéal? What is the name of the hospital?

	is ainm don ospidéal
Ospidéal _____	is the name of the hospital

Tusa: _____

3. An raibh tú riamh san ospidéal? Were you ever in hospital?

Bhí mé san ospidéal I was in hospital	uair amháin once cúpla uair a couple of times
Ní raibh mé san ospidéal I wasn't in hospital	riamh ever

Tusa: _____

4. An raibh timpiste riamh agat? Did you ever have an accident?

Bhí timpiste agam I had an accident	nuair a bhí mé when I was	ar scoil at school sa chlub óige in the youth club sa bhaile at home ag imirt peile playing (etc.)

Thit mé I fell		bhris mé I broke	mo lámh my hand mo rúitín my ankle
Sciorr mé	agus and	chas mé I twisted	mo mhéar my finger mo shrón my nose
I slipped		ghortaigh mé I hurt	mo ghlúin my knee
			mo cheann my head mo dhroim my back

Bhuail carr mé A car hit me Bhuail sliotar mé A sliotar hit me	agus bhris me (etc) and I broke	mo lámh (etc.) my hand (etc.)

Tusa: _____

_____

_____

_____

5. **An maith leat ospidéil?** Do you like hospitals?

Is maith liom I like Is breá liom I love Ní maith liom I don't like Is fuath liom I hate	ospidéil hospitals otharlanna hospitals

Tusa: _____

6. **Ar mhaith leat a bheith ag obair in ospidéal?**
   Would you like to be working in a hospital?

Ba mhaith liom a bheith I would like to be Níor mhaith liom a bheith I wouldn't like to be	ag obair in ospidéal working in a hospital

Tusa: _____

_____

Bí ag scríobh! Get writing!

Now use the sentences you have created above to write a paragraph entitled:

"Mise agus an tOspidéal" ("Me and the Hospital")

Cluastuiscint – Súil ar Aghaidh…

Na Foirmeacha Ceisteacha…

Let's have a **final** look at the question word **Cén?**. Remember **Cén?** can be used with other words to make a **single** question word in English.

Each of the following question words has another version in Irish which starts with **Cén?** See if you can remember which is which.

Cé? _____ ?   Conas? _____ ?

Cad? _____ ?   Cathain? _____ ?

Cá? _____ ?

Choose from: **Cén chaoi?**; **Cén rud?**; **Cén duine?**; **Cén uair?**; **Cén áit?**

Triail 9: Timpistí agus Dainséar

CUID A

Cloisfidh tú giota cainte ó bheirt daoine óga sa chuid seo. Cloisfidh tú gach giota díobh *faoi dhó*. Éist go cúramach leo agus líon isteach an t-eolas atá á lorg sna greillí ag 1 agus 2 thíos.

1.   **An Chéad Chainteoir**

Ainm	*Cathal Ó Conaill*
Cá bhfuil sé ina chonaí?	
Cad a bhris sé nuair a bhí sé dhá bhliain d'aois?	
Cad a dhoirt sé ar a lámh agus é ceithre bliana d'aois?	
Cad a thit sé amach?	

2.   **An Dara Cainteoir**

Ainm	*Uinseann de Láirge*
Cad tá in aice lena theach?	
An maith leis a áit chónaithe?	
Cad a chuireann na tiomanaithe sin air?	
Cad a tharlaíonn ar an mbóthar?	

CUID B

Cloisfidh tú **fógra** agus **píosa nuachta** sa chuid seo. Cloisfidh tú gach ceann díobh *faoi dhó*. Éist go cúramach leo. Beidh sos ann tar éis gach píosa a chloisfidh tú chun seans a thabhairt duit an *dá* cheist a ghabhann le gach píosa a fhreagairt.

Fógra

1.

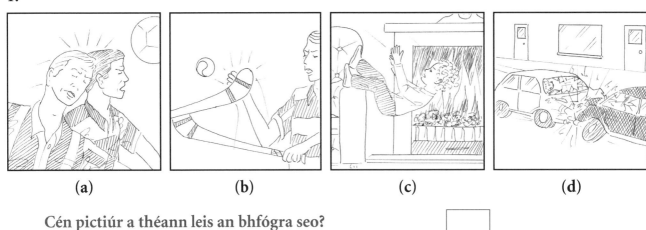

(a)   (b)   (c)   (d)

Cén pictiúr a théann leis an bhfógra seo?

2.   Conas tá Mícheal agus Liam anois?
- (a) **gortaithe go dona**
- (b) **go breá**
- (c) **feargach**
- (d) **tríne chéile**

Píosa Nuachta

1.   Cén aois a bhí ag an gcailín óg a gortaíodh?
- (a) **1 bhliain d'aois**
- (b) **2 bhliain d'aois**
- (c) **7 mbliana d'aois**
- (d) **10 mbliana d'aois**

2.

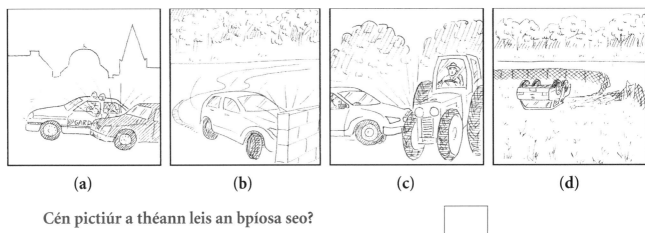

(a)   (b)   (c)   (d)

Cén pictiúr a théann leis an bpíosa seo?

CUID C

Cloisfidh tú **dhá** chomhrá sa chuid seo. Cloisfidh tú gach comhrá díobh **faoi dhó**. Cloisfidh tú an comhrá ó thosach deireadh an chéad uair. Ansin cloisfidh tú é ina *dhá mhír* an dara huair. Beidh sos tar éis gach míre díobh chun seans a thabhairt duit an cheist a bhaineann leis an mír sin a fhreagairt.

Comhrá a hAon

1. *An Chéad Mhír*

| (a) | (b) | (c) | (d) |

Cén timpiste a tharla ar bhóthar Nás na Rí?

An Dara Mír

2. **Cá raibh an buachaill?**
   (a) **sa Volkswagen**
   (b) **sa Toyota**
   (c) **ar a rothar**
   (d) **ar scoil**

Comhrá a Dó

1. *An Chéad Mhír*

| (a) | (b) | (c) | (d) |

Cá bhfuil Aindrias anois?

An Dara Mír

2. **Cad a scoilt Aindrias?**
   (a) **a shrón**
   (b) **a chloigeann**
   (c) **a smig**
   (d) **a ghlúin**

Foclóir

CUID A

An Chéad Chainteoir

Cathal Ciotach Awkward Cathal **tugann mo chairde orm** my friends call me **i gcónaí ag tarlú dom** always happening to me **dhoirt mé cupán tae** I spilled a cup of tea **dhóigh mé go dona é** I burned it badly **fuinneog mo sheomra codlata** my bedroom window **fiacail** a tooth

An Dara Cainteoir

díreach in aice le bóthar mór millteach right beside a big road **Is fuath liom m'áit chónaithe** I hate the place I live in **dainséarach** dangerous **tiománaithe** drivers **ag tiomáint i bhfad róghasta** driving much too fast **timpiste amháin** one accident

CUID B

Fógra

cathaoirleach chairperson **club peile** football club **mar is eol daoibh** as you know **timpiste ar an bpáirc imeartha** an accident on the playing field **gortaíodh beirt imreoirí** two players were hurt **nár bhain aon ghortú fadtéarmach do cheachtar acu** that neither suffered any long term injuries

Píosa Nuachta

maraíodh beirt fhear two men were killed **gortaíodh cailín óg** a young girl was injured **d'imigh carr den bhóthar** a car left the road **ag taisteal i bhfad róghasta** driving far too fast

CUID C

Comhrá a hAon

an timpiste sin that accident **ar bhóthar Nás na Rí** on the Naas Road **céard a tharla go díreach?** what exactly happened? **stoptha ag na soilse tráchta** stopped at the traffic lights **timpeall an chúinne an-tapa** around the corner very quickly **níor stop an carr dearg in am** the red car didn't stop in time **díreach in aice leis an gcarr bán** exactly beside the white car **cuntas scríofa** a written account **an eachtra** the incident **buailfead isteach** I'll drop in

Comhrá a Dó

Ghlaoigh mé ar do theach I phoned your house **gur bhain timpiste duit** that you had an accident **trasna** across **chaith mé mé féin san aer** I threw myself in the air **le mo chloigeann** with my head **ar scóráil tú?** did you score? **bhuail mé mo cheann faoin gcuaille báire** I hit my head against the goalpost **scoilt mé mo chloigeann** I split my head **fuil ar fud na háite** blood everywhere **i bhfad san otharlann** long in hospital **go ceann dhá lá** for two days

Éist leis an CD arís, ansin líon na bearnaí thíos:

An Chéad Chainteoir

Cathal Ciotach _____ Chorcaigh a thugann mo chairde orm.

Bíonn timpistí _____ gcónaí ag tarlú _____ .

Dhoirteas _____ tae ar mo láimh agus _____

mé go dona é.

Thiteas amach fuinneog _____ seomra chodlata.

mo
i
dhóigh
ó
cupán
dom

An Dara Cainteoir

Tá mé _____ mo _____ i ndeisceart

chathair Dhoire.

Díreach in aice _____ bóthar _____ millteach

atá mo theachsa.

Is _____ liom m'áit chónaithe.

Tá sé íontach _____ .

Bíonn _____ ag tiomaint i bhfad _____ .

Tarlaíonn _____ ar an mbóthar achan _____ .

_____ mé timpiste inné.

siad
fuath
le
Chonaic
mór
chónaí
i
timpiste
seachtain
dainséarach
róghasta

An Corp, Sláinte agus Tinneas

Labhraímis Gaeilge! Let's talk Irish!

Now **before we listen to this aural unit** where we will hear about other people's lives, let's look a bit closer to home. These *sentence generators* will help you **talk** about yourself and health in **short, simple sentences.**

1. Mé Féin agus mo Shláinte Me and My Health

1. **Déan cur síos ort féin** Describe yourself

Tá mo ghruaig My hair is	**donn** brown **rua** red **dubh** black **fionn** fair
Tá mo shúile My eyes are	**donn** brown **liath** grey **glas** green **dubh** black **gorm** blue

Tusa: _____

2. **An raibh tú tinn riamh?** Were you ever sick?

Bhí	**slaghdán** a cold **fliú** a flu	**orm**	**uair amháin** once
("I had")	**fiabhras** a fever	on me	**cúpla uair** a couple of times

Tusa: _____

_____

3. **An raibh tú ag an dochtúir?** Were you at the doctor?

Bhí mé I was	**ag an dochtúir**
Ní raibh mé I wasn't	at the doctor

Tusa: _____

4. **Cad a rinne an dochtúir?** What did the doctor do?

Thug an dochtúir	**buidéal leighis** a bottle of medicine **piollairí** pills	**dom**
The doctor gave	**instealladh** an injection **oideas** a prescription	to me

Tusa: _____

_____

Cluastuiscint – Súil ar Aghaidh…

Na Foirmeacha Ceisteacha…

Here are various question words. Write the English for each word in the space given.
Remember – there are often several ways of asking the same question.

Cé? _____	Cé mhéad? _____
Cad? _____	Cén chaoi? _____
Cá? _____	Cén t-am? _____
Cathain? _____	Cén lá? _____
Cén duine? _____	Cén uair? _____
Cén fáth? _____	Cén dáta? _____
Conas? _____	Cén bhliain? _____

Triail 10: An Corp, Sláinte agus Tinneas

CUID A

Cloisfidh tú giota cainte ó bheirt daoine óga sa chuid seo. Cloisfidh tú gach giota díobh *faoi dhó*. Éist go cúramach leo agus líon isteach an t-eolas atá á lorg sna greillí ag 1 agus 2 thíos.

1. **An Chéad Chainteoir**

Ainm	*Aibhlín Nic Aogáin*
Cá bhfuil sí ina cónaí?	
Cén cineál bia a itheann sí?	
Tabhair **dhá shampla** de na rudaí a itheann sí	(i) _____ (ii) _____
Cén cluiche a imríonn sí?	
Cén t-am a éiríonn sí gach maidin?	

2. **An Dara Cainteoir**

Ainm	*Tadhg Mac Siarcais*
Cén dath atá ar a chuid gruaige	
Cén rud nach bhfuil sé in ann a dhéanamh?	
Cad a tharla nuair a bhí sé óg?	
Luaigh caitheamh aimsire amháin atá aige.	

CUID B

Cloisfidh tú **fógra** agus **píosa nuachta** sa chuid seo. Cloisfidh tú gach ceann díobh *faoi dhó*. Éist go cúramach leo. Beidh sos ann tar éis gach píosa a chloisfidh tú chun seans a thabhairt duit an *dá* cheist a ghabhann le gach píosa a fhreagairt.

Fógra

1.

| (a) | (b) | (c) | (d) |

Cén pictiúr a théann leis an bhfógra seo?

2. Cé mhéad a chosnóidh gach bord?
   - (a) €3
   - (b) €4
   - (c) €15
   - (d) €20

Píosa Nuachta

1.

| (a) | (b) | (c) | (d) |

Cá bhfuair na fir chustaim na drugaí?

2. Cá bhfuil Pól de Brún agus an criú anois?
   - (a) **in Aerfort**
   - (b) **sa chúirt**
   - (c) **sa phríosún**
   - (d) **i stáisiún na nGardaí**

CUID C

Cloisfidh tú *dhá* chomhrá sa chuid seo. Cloisfidh tú gach comhrá díobh *faoi dhó*. Cloisfidh tú an comhrá ó thosach deireadh an chéad uair. Ansin cloisfidh tú é ina *dhá mhír* an dara huair. Beidh sos tar éis gach míre díobh chun seans a thabhairt duit an cheist a bhaineann leis an mír sin a fhreagairt.

Comhrá a hAon

1. *An Chéad Mhír*

 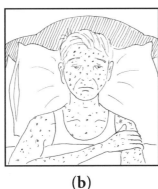  

(a)   (b)   (c)   (d)

Cad tá ar Nollaig?

An Dara Mír

2. Cá mbeidh an cheolchoirm ar siúl?
   - (a) **sa scoil**
   - (b) **san ospidéal**
   - (c) **sa chlubtheach**
   - (d) **ar an teilifís**

Comhrá a Dó

An Chéad Mhír

1. Cad a bheidh ar siúl amárach?
   - (a) **cluiche sacair**
   - (b) **cluiche peile**
   - (c) **cluiche rugbaí**
   - (d) **rás rothaíochta**

2. *An Dara Mír*

(a)   (b)   (c)   (d)

Cad a tharla d'Eoin?

Foclóir

CUID A

An Chéad Chainteoir

i gContae Liatroma in County Leitrim bia sláintiúil healthy food rís rice cnónna nuts
dhá uair in aghaidh na seachtaine twice a week

An Dara Cainteoir

chomh dubh le gual as black as coal tá mé beagáinín difriúil I'm a little different níl mé in
ann siúl I can't walk gortaíodh mé i dtimpiste bhóthair I was hurt in a road accident chaill
mé lúth na gcos I lost the use of my legs bhí an t-ádh orm nár maraíodh mé I was lucky I
wasn't killed ní bhímse díomhaoin I'm never idle cluichí ríomhaireachta computer games

CUID B

Fógra

tráth na gceist bord table quiz Na Cealla Beaga Killybegs cosnóidh gach bord fiche euro
each table will cost €20.00 a bheith páirteach to take part i ngach foireann in each team
lucht míchumais the disabled á heagrú being organised

Píosa Nuachta

oifigigh chustaim customs officers lasta mór a big cargo i gcuan na gCealla Beaga in
Killybegs Harbour i stáisiún na ngardaí in the police station rachaidh siad os comhair na
cúirte they'll go in front of the court

CUID C

Comhrá a hAon

An bhfuil slaghdán ort? Do you have a cold? ní haon slaghdán é seo this is no cold an fliú atá
orm it's the flu I have thosaigh sé ag stealladh báistí it started lashing rain nach tú an
pleidhce aren't you the fool tá mé ag fáil bháis I'm dying an cheolchoirm sin that concert
sa chlubtheach anocht in the clubhouse tonight ná bí buartha faoi sin don't be worried
about that tabharfaidh mé cuairt ort I'll visit you nár laga Dia thú may God never weaken you

Comhrá a Dó

an dtiocfadh liom labhairt le could I speak to tá mé ar fhoireann sacair na scoile I'm on the
school soccer team is cluiche an-tábhachtach é it's a very important game sacar atá á imirt
againn it's soccer we are playing peil ghaelach gaelic football ardfhear good man cuir
bindealán ar do láimh put a bandage on your hand

Éist leis an CD arís, ansin líon na bearnaí thíos:

An Chéad Chainteoir

Is _____ Aibhlín Nic Aogáin. Tá mé

ceithre _____ déag.

Tá mé _____ mo _____ i gContae Liatroma.

Ithimse _____ sláintiúil i _____ .

Imrím scuais _____ uair in aghaidh _____ seachtaine.

dhá
gcónaí
i
mise
chónaí
bliana
bia
na

An Dara Cainteoir

_____ _____ Tadhg Mac Siarcais.

Tá súile _____ agam agus

tá mo _____ gruaige _____ dubh le gual.

Níl mé in _____ siúl.

Gortaíodh mé i dtimpiste _____ nuair a bhí mé óg.

Téimse _____ snámh agus tá _____

iontach ag cluichí ríomhaireachta.

mé
ann
chuid
mise
bóthair
chomh
gorma
Is
ag

Labhraímis Gaeilge! Let's talk Irish!

Now **before we listen to this aural unit** where we will hear about other people's working lives, let's look a bit closer to home. These *sentence generators* will help you **talk in short, simple sentences** about the part farming and industry play in your life.

1. Feirmeoireacht Farming

1. **An bhfuil feirm agaibh?** Have you a farm?

Tá feirm againn We have a farm
Tá feirm ag m'uncail My uncle has a farm
Tá feirm ag m'aintín My aunt has a farm

sa bhaile at home
faoin tuath in the country

Tusa: _____

2. **Cé mhéad acra atá ann?** How many acres are in it?

Tá There are	**fiche acra** 20 acres **tríocha acra** 30 acres **daichead acra** 40 acres	**ann** in it
	caoga acra 50 acres **seasca acra** 60 acres **seachtó acra** 70 acres	
	ochtó acra 80 acres **nócha acra** 90 acres **céad acra** 100 acres	**san fheirm**
	dhá chéad acra 200 acres **trí chéad acra** 300 acres	in the farm

Tusa: _____

3. **Cén sórt barraí a chuireann sibh?** What kind of crops do you sow?

Cuirimid
We sow

eorna barley **arbhar** corn **cabáiste** cabbage **cairéid** carrots **leitís** lettuce
muisriúin mushrooms **coirce** oats **oinniúin** onions **meacain bhána** parsnips
prátaí potatoes **ráib** rape **seagal** rye **trátaí** tomatoes **tornapaí** turnips
cruinneacht wheat **biatas siúcra** sugar beet

Tusa: _____

_____

4. **Cén sórt ainmhithe atá agaibh?** What kinds of animals do you have?

| Tá | **cúpla** a couple of
fiche 20
tríocha 30
céad 100 (etc.) | **asal** donkey **bó** cow **banbh** piglet **caora** sheep
capall horse **cearc** hen **coileach** cockerel
gabhar goat **gé** goose **lacha** duck **lao** calf **muc** pig
sicín chicken **turcaí** turkey **tarbh** bull **uan** lamb | **againn** |

Tusa: _____

_____

1.   **Cé mhéad monarcha atá i do cheantar?** How many factories are in your area?

Tá	**monarcha amháin** one factory **dhá mhonarcha** two factories	**sa cheantar**
There's	**trí mhonarcha** three factories **ceithre mhonarcha** four factories	in the area
	a lán monarchana a lot of factories	

Tusa: _____

2.   **Cad is ainm do na comhlachtaí?** What are the companies called?

| 'Apple' 'Apple' (etc.) | **is ainm do chomhlacht amháin** is the name of one company |
| 'Adidas' 'Adidas' (etc.) | **is ainm do chomhlacht eile** is the name of another company |

Tusa: _____

_____

Bí ag scríobh! Get writing!

Now use the sentences you have created above to write a paragraph entitled:

"Feirmeoireacht agus Tionsclaíocht i mo cheantar".

Cluastuiscint – Súil ar Aghaidh…

Míonna na Bliana…

How well do you know the months of the year? Write the Irish beside the English. If in doubt, check it out! (page 8)

January _____   July _____

February _____   August _____

March _____   September _____

April _____   October _____

May _____   November _____

June _____   December _____

Triail 11: Feirmeoireacht agus Tionsclaíocht

CUID A

Cloisfidh tú giota cainte ó bheirt daoine óga sa chuid seo. Cloisfidh tú gach giota díobh *faoi dhó*. Éist go cúramach leo agus líon isteach an t-eolas atá á lorg sna greillí ag 1 agus 2 thíos.

1.   **An Chéad Chainteoir**

Ainm	*Seoirse Ó Catháin*
Cén obair a dhéanann a athair?	
Cé mhéad bó atá acu?	
Cén duine is sine sa chlann?	
Cén áit ar mhaith leis dul?	

2.   **An Dara Cainteoir**

Ainm	*Donncha Ó Conaola*
Cé mhéad míle ó Ghaillimh atá Inis Mór?	
Cén post atá ag a athair?	
Cé mhéad lá a bhíonn sé amuigh?	
Cá bhfuil an mhonarcha éisc?	

Cloisfidh tú **fógra** agus **píosa nuachta** sa chuid seo. Cloisfidh tú gach ceann díobh *faoi dhó*. Éist go cúramach leo. Beidh sos ann tar éis gach píosa a chloisfidh tú chun seans a thabhairt duit an *dá* cheist a ghabhann le gach píosa a fhreagairt.

Fógra

1.

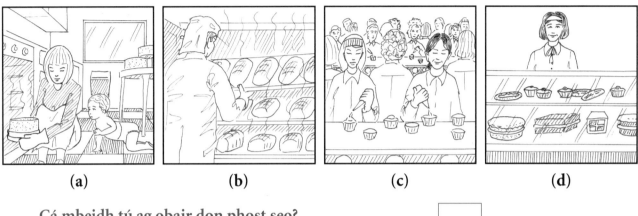

(a)   (b)   (c)   (d)

Cá mbeidh tú ag obair don phost seo?

2.   Cad í an uimhir le glaoch uirthi?
       (a) **900776**
       (b) **009876**
       (c) **669008**
       (d) **067869**

Píosa Nuachta

1.   Cé mhéad iasc a maraíodh?
       (a) **6**
       (b) **100**
       (c) **60**
       (d) **600**

2.   Cén post atá ag Pól Ó Duinn?
       (a) **iascaire**
       (b) **polaiteoir**
       (c) **garda**
       (d) **oibrí monarchan**

<h2 style="text-align:center">CUID C</h2>

Cloisfidh tú **dhá** chomhrá sa chuid seo. Cloisfidh tú gach comhrá díobh **faoi dhó**. Cloisfidh tú an comhrá ó thosach deireadh an chéad uair. Ansin cloisfidh tú é ina *dhá mhír* an dara huair. Beidh sos tar éis gach míre díobh chun seans a thabhairt duit an cheist a bhaineann leis an mír sin a fhreagairt.

<h3 style="text-align:center">Comhrá a hAon</h3>

1.   *An Chéad Mhír*

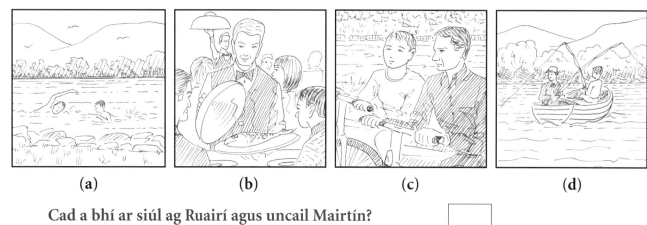

(a)   (b)   (c)   (d)

Cad a bhí ar siúl ag Ruairí agus uncail Mairtín?

An Dara Mír

2.   **Cad a gheobhaidh an cailín?**
   (a) **bád**
   (b) **teach**
   (c) **slat iascaigh**
   (d) **arán**

<h3 style="text-align:center">Comhrá a Dó</h3>

1.   *An Chéad Mhír*

(a)   (b)   (c)   (d)

Cá bhfuil an obair le déanamh?

An Dara Mír

2.   **Cé mhéad airgid a gheobhaidh Muiris don lá?**
   (a) €20
   (b) €30
   (c) €40
   (d) €50

Foclóir

CUID A

An Chéad Chainteoir

feirm réasúnta mór a reasonably big farm **ceithre tharbh** four bulls **seachtó caora** seventy sheep **ar an gcnoc** on the hill **an duine is sine sa chlann** the eldest in the family **gheobhaidh seisean an fheirm** he'll get the farm **cúpla milliún dollar** a couple of million dollars

An Dara Cainteoir

Inis Mór Inishmore (lit. Big Island) **oileán** an island **amach ó chósta na Gaillimhe** off the Galway coast **iascaire** fisherman **amuigh ar feadh trí lá** out for three days **ag iascaireacht** fishing **monarcha éisc** fish factory

CUID B

Fógra

comhlacht company **teoranta** limited **cácaí a dhéanamh** to make cakes **custaiméirí** customers **gach rud a theastaíonn** everything needed **plúr** flour **uirlisí cistine** kitchen equipment **tuilleadh eolais** further information

Píosa Nuachta

maraíodh was (were) killed **i gContae Chiarraí** in County Kerry **sceitheadh uisce truaillithe** polluted water was discharged **monarcha cheimiceáin** chemical factory **in aice na habhann** beside the river **comhlacht Meiriceánach** American company **polaiteoir áitiúil** local politician

CUID C

Comhrá a hAon

Bhí mé ag glaoch I was calling **ní bhfuair mé freagra ar bith** I got no answer at all **amuigh ag iascaireacht** out fishing **ar an loch** on the lake **dul ag iascaireacht** to go fishing **slat iascaigh** fishing rod **teach bád** boathouse

Comhrá a Dó

i gcruachás in a bad way **ag baint na bprátaí** picking the potatoes **lámh chúnta a thabhairt** to give a helping hand **n'fheadar** dunno **obair an-chrua** very hard work **íocfaidh mo Dhaid** my Dad will pay **cad déarfá le?** what would you say to? **i bpreabadh na súl** in the twinkling of an eye

Éist leis an CD arís, ansin líon na bearnaí thíos:

An Chéad Chainteoir

againn
dul
mo
cúpla
sine
is
ó
mise

Is _____ Seoirse Ó Catháin.

Tá mé i mo chónaí _____ míle siar _____ bhaile Chill Dara.

Feirmeoir _____ ea m'athair.

Ta trí chéad bó _____ .

Is é _____ dheartháir Pól an duine is _____ sa chlann.

B'fhearr liomsa _____ go Meiriceá.

An Dara Cainteoir

m'athair
i
na
againn
ag
ar
ó

Tá mé _____ mo chónaí _____ Inis Mór.

Seacht míle amach _____ chósta _____ Gaillimhe.

Cúigear _____ atá sa chlann.

Iascaire is ea _____ .

Tá mo dheartháir _____ obair i nGaillimh.

12 Caithimh Aimsire

Labhraímis Gaeilge! Let's talk Irish!

Now **before we listen to this aural unit**, where we will hear about other people's lives, let's look a bit closer to home. These *sentence generators* will help you **talk** about yourself and your hobbies in **short, simple sentences**. Write your answers just below each *sentence generator*.

1. Caithimh Aimsire Pastimes

1. **Cad a dhéanann tú ag an deireadh seachtaine? (Dé Sathairn etc.)**
    What do you do at the weekend? (on Saturday etc.)

Dé hAoine/Dé Sathairn/Dé Domhnaigh…
On Friday/On Saturday/On Sunday…

Téim go dtí I go to	**an halla damhsa** the dance hall **an leabharlann** the library **an phictiúrlann (scannán)** the cinema (a film) **an club óige** the youth club **an halla snúcair** the snooker hall **an pháirc (cluiche)** the park (a game) **an galfchúrsa** the golf course **an linn snámha** the swimming pool **an amharclann** the theatre **an loch** the lake **an fharraige** the sea **an abhainn** the river **na sléibhte** the mountains **an t-ionad babhlála** the bowling alley **an rinc scátála** the skating rink **mo chlub** my club

Tusa: *Dé hAoine*

_____

_____

_____

_____

2. **Inis dom faoi chaitheamh aimsire atá agat.**
    Tell me about a pastime you have

Is maith liom I like **Is breá liom** I love	**ceol** music **spórt** sport **scannáin** films **an teilifís** the TV **ceolchoirmeacha** concerts **drámaí** plays **peil** football **sacar** soccer **leadóg** tennis **cártaí** cards **snúcar** snooker **iománaíocht** hurling **cispheil** basketball **eitpheil** volleyball **camógaíocht** camogie **leadóg bhoird** table tennis **badmantan** badminton **rugbaí** rugby **galf** golf **iomrascáil** wrestling **snúcar** snooker **rothaíocht** cycling **damhsa** dancing **rith** running **snámh** swimming **rothaíocht** cycling **siúl** walking **scátáil** skating **léamh** reading **dreapadóireacht** climbing **iascaireacht** fishing **seoltóireacht** sailing **bádóireacht** boating

Tusa:

_____

_____

_____

_____

2. An Dioscó etc. The Disco etc.

1. **An mbíonn dioscó nó damhsa ar siúl anseo?**
   'Does there be' a disco or a dance on here?

Bíonn dioscó ar siúl	**sa halla damhsa** in the dance hall
There 'does be'	**sa chlub óige** in the youth club
a disco on	**sa scoil** in the school

Tusa:

_____

_____

2. **An dtéann tú ann?** Do you go there?

Téim I go there	**ann** there
Ní théim ann I don't go there	**go dtí an dioscó** to the disco

Tusa:

_____

_____

3. **Cén t-am a thosaíonn sé/a chríochnaíonn sé?**
   What time does it start/finish?

Tosaíonn sé It starts	**ar a 'x' a chlog**
Críochnaíonn sé It finishes	at 'x' o'clock (for time see pg. 7)

Tusa:

_____

_____

4. **Conas a théann tú abhaile? An mbíonn aon duine leat?**
   How do you go home? Does there be anyone else with you?

Faighim	**an bus** the bus **tacsaí** a taxi **síob** a lift	**abhaile**	**le mo chairde**
I get		home	with my friends
Siúlaim I walk			

Tusa:

_____

_____

3. An Teilifís Television

1. **Cad é an clár teilifíse is fearr leat?** What TV program do you prefer?

| **Is fearr liom** | **The Simpsons** The Simpsons (etc.) |
| I prefer | **Home and Away** Home and Away (etc.) |

Tusa: _____

2. **Cén lá a mbíonn sé ar siúl?** What day 'does it be' on?

| **Bíonn sé ar siúl** It 'does be' on | **Dé Luain** on Monday (etc.) |

Tusa: _____

3. **Cén t-am a bhíonn sé ar siúl?** What time 'does it be' on?

| **Bíonn sé ar siúl** It 'does be' on | **ar a 'x' a chlog** at 'x' o'clock (see page 7) |

Tusa: _____

4. **Cén carachtar is fearr leat?** What charachtar do you like?

| **Is fearr liom** I prefer | **Homer** Homer **Joey** Joey **Rachel** Rachel (etc.) |

Tusa: _____

4. Ceol Music

1. **Cén grúpa ceoil is fearr leat?** What's your favorite group?

| **Is fearr liom** I prefer | **The Script** The Script **The Killers** The Killers etc. |

Tusa: _____

2. **An bhfuil a lán CDanna agat?** Do you have a lot of CDs?

| **Tá** | **cúig CD** 5 CDs **deich CD** 10 CDs **fiche CD** 20 CDs (etc.) | **agam** |

Tusa: _____

3. An bhfuil iPod agat? Do you have an iPod?

| Tá | iPod an iPod | agam |
| Níl | Zen a Zen etc. | |

Tusa: _____

4. Cá bhfuair tú é? Where did you get it?

| Fuair mé é | **don Nollaig** for Christmas **do mo bhreithlá** for my birthday |
| I got it | **ó Mham** from Mam **ó Dhaid** from Dad |

Tusa: _____

5. Ceolchoirm A Concert

1. An raibh tú riamh ag ceolchoirm san O2, san RDS (etc.)?
Were you ever at a concert in the O2, in the RDS (etc.)?

| **Bhí mé ag** I was at | **ceolchoirm** | **san O2, (etc.)** in the O2, (etc.) |
| **Ní raibh me ag** I wasn't at | a concert | **riamh** ever |

Tusa: _____

2. Cé mhéad a bhí ar an ticéad? How much was the ticket?

| **Bhí an ticéad** | **cúig euro** five euro **deich euro** ten euro **fiche euro** (see pg. 56) |
| The ticket was | |

Tusa: _____

3. Cé a chuaigh ann in éineacht leat? Who went there with you?

| **Chuaigh Liam (etc.)** Liam (etc.) went | **in éineacht liom** with me |

Tusa: _____

4. Conas a chuaigh sibh ann? How did you go there?

| **Chuaigh muid** | **ar an mbus** on the bus **ar an traein** on the train |
| We went | **i dtacsaí** in a taxi **sa charr** in the car |

Tusa: _____

5. Cén grúpa/duine a bhí ag seinm? What group/person was playing?

| Bhí The Script (etc.) The Script (etc.) were | ag seinm playing |

Tusa: _____

6. An raibh sé go maith? Was it good?

| Bhí sé It was | go maith good |
| Ní raibh sé It wasn't | iontach great |

Tusa: _____

6. Sport Sport

1. An maith leat spórt? An imríonn tú spórt?
   Do you like sport? Do you play sport?

| Is maith liom I like | spórt sport |
| Ní maith liom I don't like | |

Imrím	peil football sacar soccer iománaíocht hurling camógaíocht camogie
I play	rugbaí rugby leadóg tennis cispheil basketball eitpheil volleyball
	leadóg bhoird table tennis badmantan badminton snúcar snooker

Tusa: _____

_____

2. Cén áit/cén lá/cén t-am a imríonn tú spórt?
   Where/what day/what time do you play sport?

Imrím	peil football	sa scoil at school	Dé Luain (etc)	ar a 'x' a chlog
I play	sacar (etc.)	le mo chlub	on Monday (etc)	at 'x' o'clock
	soccer (etc.)	with my club		

Tusa: _____

3. An bhfuil tú (an fhoireann) go maith? Are you (the team) good?

| Tá mé I am | go maith good go hiontach brilliant |
| Tá an fhoireann The team is | go dona bad go huafásach terrible |

Tusa: _____

4. Ar bhuaigh tú (an fhoireann) comórtas/léig/rás/craobh?
Did you (the team) win a competition/league/race/championship?

Bhuaigh muid	corn a cup **bonn** a medal **trófaí** a trophy **plaic** a plaque
We won	**cluiche** a game **rás** a race **comórtas** a competition **an léig** the league

Tusa:

___

Bí ag scríobh! Get writing!

Now use the sentences you have created above to write a paragraph entitled:

(a) **"Mise agus Mo Chaithimh Aimsire"** (Me and My Hobbies)

(b) **"Ceolchoirm a Chonaic mé"** (A Concert I saw)

Cluastuiscint – Súil ar Aghaidh…

Laethanta na Seachtaine

Write the Irish for the following days of the week beside the English.
Check back to page 8 if you need to.

Monday _____

Tuesday _____

Wednesday _____

Thursday _____

Friday _____

Saturday _____

Sunday _____

Triail 12: Caithimh Aimsire

CUID A

Cloisfidh tú giota cainte ó bheirt daoine óga sa chuid seo. Cloisfidh tú gach giota díobh *faoi dhó*. Éist go cúramach leo agus líon isteach an t-eolas atá á lorg sna greillí ag 1 agus 2 thíos.

1. <u>**An Chéad Chainteoir**</u>

Ainm	*Nollaig Ó Sé*
Cé mhéad troigh atá sé ar airde?	
Cén aois é?	
Cá dtéann sé ar an Máirt?	
Cén cluiche a bhíonn aige ar an Domhnach?	

2. <u>**An Dara Cainteoir**</u>

Ainm	*Aibhlín de Róiste*
Cén caitheamh aimsire atá aici?	
Cad a fhaigheann sí ar iasacht?	
Cad a bhíonn sí a scríobh?	

CUID B

Cloisfidh tú **fógra** agus **píosa nuachta** sa chuid seo. Cloisfidh tú gach ceann díobh *faoi dhó*. Éist go cúramach leo. Beidh sos ann tar éis gach píosa a chloisfidh tú chun seans a thabhairt duit an *dá* cheist a ghabhann le gach píosa a fhreagairt.

Fógra

1.

(a)   (b)   (c)   (d)

Cén pictiúr a théann leis an bhfógra seo? ☐

2. Cé mhéad a chosnóidh ticéad bliana?

    (a) €10
    (b) €40
    (c) €400
    (d) €500

☐

Píosa Nuachta

1.

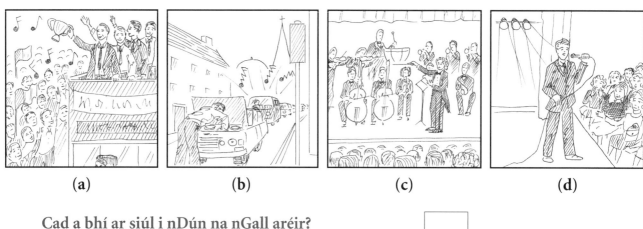

(a)   (b)   (c)   (d)

Cad a bhí ar siúl i nDún na nGall aréir? ☐

2. Cá raibh an cluiche ar siúl?

    (a) **Páirc na nGall**
    (b) **Páirc an Chrócaigh**
    (c) **Páirc an Dúna**
    (d) **Páirc Uí Chaoimh**

☐

CUID C

Cloisfidh tú *dhá* chomhrá sa chuid seo. Cloisfidh tú gach comhrá díobh *faoi dhó*. Cloisfidh tú an comhrá ó thosach deireadh an chéad uair. Ansin cloisfidh tú é ina *dhá mhír* an dara huair. Beidh sos tar éis gach míre díobh chun seans a thabhairt duit an cheist a bhaineann leis an mír sin a fhreagairt.

Comhrá a hAon

An Chéad Mhír

1. **Cad tá ar siúl ag Póilín?**
    - (a) **ag léamh leabhair**
    - (b) **ag féachaint ar scannán**
    - (c) **ag rince**
    - (d) **ag déanamh obair bhaile**

2. *An Dara Mír*

(a)   (b)   (c)   (d)

Cá mbuailfidh na cailíní le chéile?

Comhrá a Dó

1. *An Chéad Mhír*

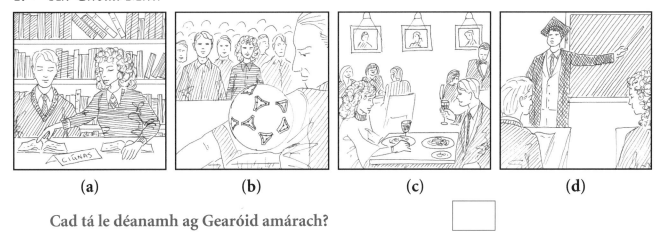

(a)   (b)   (c)   (d)

Cad tá le déanamh ag Gearóid amárach?

An Dara Mír

2. **Cá bhfuil Séamas (deartháir Ruairí) imithe?**
    - (a) **lena chlub peile**
    - (b) **lena chlub rothaíochta**
    - (c) **lena chlub sacair**
    - (d) **lena chlub snamha**

Foclóir

CUID A

An Chéad Chainteoir

Ciarraíoch a Kerryman sé troithe ar airde six feet tall iománaíocht hurling Téim ag traenáil I go training foireann sacair na scoile the school soccer team

An Dara Cainteoir

'X' atá ormsa My name is 'X' cathair Bhéal Feirste Belfast City Is breá liom bheith ag _____ I love _____ing Is ball mé den leabharlann phoiblí I'm a member of the public library faighim leabhar ar iasacht I get a book on loan Ba mhaith liom bheith I'd like to be

CUID B

Fógra

Duine spórtúil sporting person píosa nuachta piece of news ionad spóirt sports centre linn snámha swimming pool trealamh úrnua brand new equipment seomra gleacaíochta gym room cúirteanna badmantain badminton taobh istigh de dhoras indoors margaí speisialta special deals

Píosa Nuachta

ceol agus rince music and dancing sráideanna Dhún na nGall the streets of Donegal d'fhill foireann pheile an chontae the county football team returned buaite won Páirc an Chrócaigh Croke Park bhuail siad they beat páipéir nuachta newspapers i bhfad rómhaith do far too good

CUID C

Comhrá a hAon

An bhfuil tada ar siúl agat faoi láthair? Are you doing anything just now? teastaíonn uaim I want dul chun é a fheiceáil to go to see it b'fhéidir go dtiocfá liom maybe you'd come with me N'fheadar 'Dunno' sáite sa leabhar seo stuck into this book é a chríochnú to finish it

Comhrá a Dó

An bhféadfainn labhairt le Could I speak to bodhar deaf b'fhéidir go bhféadfá cabhrú liom maybe you could help me cluiche peile le himirt football game to play bróga peile football boots Tá drochscéal agam duit I've bad news for you Dún na nGall Donegal club sacair soccer club Nach orm atá an tubaiste Poor me!

Éist leis an CD arís, ansin líon na bearnaí thíos:

An Chéad Chainteoir

Is _____ Nollaig Ó Sé.

_____ Ciarraíoch mé.

Tá mé _____ troithe ar airde.

Imrím _____ ghaelach agus iománaíocht.

Téim _____ traenáil ar an Máirt.

Tá mé ar _____ sacair na scoile.

ag
sé
mise
Is
peil
fhoireann

An Dara Cainteoir

Aibhlín de Róiste atá _____ .

_____ cathair Bhéal Feirste mé.

Is breá _____ a bheith ag léamh.

Is ball mé _____ leabharlann phoiblí.

Faighim leabhar ar iasacht _____ seachtain.

Ba mhaith liom a bheith i _____ scríbhneoir proifisiúnta.

achan
liom
ormsa
As
mo
den

Labhraímis Gaeilge! Let's talk Irish!

Now **before we listen to this aural unit** where we will hear about how other people spend their holidays, let's look a bit closer to home. These *sentence generators* will help you **talk** about your own **laethanta saoire** in **short, simple sentences.** Write your answer just below each *sentence generator*.

1. Saoire in Éirinn A Holiday in **Ireland**

1. **Cad a rinne tú an samhradh seo caite? An raibh tú ar saoire in Éirinn?**
   What did you do last summer? Were you on holiday in Ireland?

   Bhí mé I was **Ní raibh mé** I wasn't | **ar saoire** on holiday **sa bhaile** at home

   Tusa: _____

2. **Cá raibh tú? (Cén áit?)** Where were you?

Bhí mé	**i gCiarraí** in Kerry **i nDún na nGall** in Donegal
I was	**i nGaillimh** in Galway **i mBaile Átha Cliath** in Dublin (etc.)

   Tusa: _____

3. **Cé a bhí (in éineacht) leat?** Who was with you?

Bhí mo chara Liam (etc.) My friend Liam (etc.) was	**liom**
Bhí Mam agus Daid Mam and Daid were	with me

   Tusa: _____

4. **Cá fhad a chaith tú ann? (seachtain? coicís? mí?)**
   How long were you there? (a week? a fortnight? a month?)

Chaith mé	**seachtain** a week **coicís** a fortnight	**ann**
I spent	**trí seachtaine** three weeks **mí** a month	there

   Tusa: _____

5. **Cár fhan tú?** Where did you stay?

Bhí mé	**in óstán** in a hotel **in árasán** in an apartment **i gcarbhán** in a caravan
I was	**ag campáil** camping

   Tusa: _____

6. **Conas a bhí an aimsir?** How was the weather?

Bhí an aimsir The weather was	**go maith** good **go dona** bad **go hálainn** lovely **go huafásach** terrible

Bhí sé It was	**te** hot **grianmhar** sunny **tirim** dry **fuar** cold **fliuch** wet **gaofar** windy **ag cur báistí** raining **ag cur sneachta** snowing

Tusa: _____

2. Saoire thar lear A Holiday abroad

1. **An raibh tú riamh thar lear?** Were you ever abroad?

Bhí mé I was	**sa Spáinn** in Spain **sa Fhrainc** in France **san Iodáil** in Italy **i Meiriceá** in America **i Sasana** in England (etc.)

Tusa: _____

2. **Conas a chuaigh tú ann?** How did you go there?

Fuair mé I got	**bád** a boat **eitleán** a plane **traein** a train **bus** a bus

Tusa: _____

3. **Cé a bhí (in éineacht)leat?** Who was with you?

Bhí mo chara Liam (etc.) My friend Liam (etc.) was Bhí Mam agus Daid Mam and Daid were	**liom** with me

Tusa: _____

4. **Cár fhan tú?** Where did you stay?

Bhí mé I was	**in óstán** in a hotel **in árasán** in an apartment **i gcarbhán** in a caravan **ag campáil** camping

Tusa: _____

5. **Cá fhad a chaith tú ann? (seachtain? coicís? mí?)**
   How long were you there? (a week? a fortnight? a month?)

Chaith mé I spent	**seachtain** a week **coicís** a fortnight **trí seachtaine** three weeks **mí** a month	**ann** there

Tusa: _____

6. An raibh an bia go deas? Did you like the food?

Bhí an bia The food was	go deas nice **blasta** tasty **go hálainn** lovely
Bhí sé It was	**difriúil** different **déistineach** disgusting

Tusa: _____

7. Cad a d'ith tú ann? What did you eat there?

D'ith mé I ate	**pizza** pizza **iasc** fish **borgaire** a burger **sceallóga** chips
	sicín chicken **seilidí** snails **ochtapas** octopus
D'ól mé I drank	**uisce** water **sú oráiste** orange juice

Tusa: _____

8. Conas a bhí an aimsir? How was the weather?

Bhí an aimsir	go maith good **go dona** bad
The weather was	**go hálainn** lovely **go huafásach** terrible

Bhí sé	**te** hot **grianmhar** sunny **tirim** dry **fuar** cold **fliuch** wet **gaofar** windy
It was	**ag cur báistí** raining **ag cur sneachta** snowing

Tusa: _____

_____

Bí ag scríobh! Get writing!

Now use the sentences you have created above to write a paragraph entitled:

(a) **"Mo Laethanta Saoire in Éirinn"** ("My Holidays in Ireland").

(b) **"Mo Laethanta Saoire thar lear"** ("My Holidays abroad").

Cluastuiscint – Súil ar Aghaidh…

Na Foirmeacha Ceisteacha…

As you saw on page 5, the word **Cén…?** (What is the…?) can be used with other words to form a question that would use only one word in English. For example **Cén fáth?** (literally "What is the reason") translates as **Why?** in English.

Choose a word to add to **Cén…?** in order to make the following question words:

Who? **Cén** _____ ?	When? **Cén** _____ ?
What? **Cén** _____ ?	Why? **Cén** _____ ?
Where? **Cén** _____ ?	How? **Cén** _____ ?

Choose from **áit; fáth; chaoi; duine; uair; rud.**

Triail 13: Laethanta Saoire

CUID A

Cloisfidh tú giota cainte ó bheirt daoine óga sa chuid seo. Cloisfidh tú gach giota díobh *faoi dhó*. Éist go cúramach leo agus líon isteach an t-eolas atá á lorg sna greillí ag 1 agus 2 thíos.

1. **An Chéad Chainteoir**

Ainm	*Órla Ní Mháille*
Cá bhfuil Órla ina cónaí?	
Cá bhfuil an teach?	
Luaigh **dhá** chaitheamh aimsire atá aici.	(i) _____ (ii) _____
Cén dath atá ar shúile Manuel?	

2. **An Dara Cainteoir**

Ainm	*Cathal Ó Loinsigh*
Cén aois é?	
Luaigh **rud amháin** is breá leis.	
Cén séasúr is fuath leis?	
Cén séasúr is fearr leis?	

Cloisfidh tú **fógra** agus **píosa nuachta** sa chuid seo. Cloisfidh tú gach ceann díobh *faoi dhó*. Éist go cúramach leo. Beidh sos ann tar éis gach píosa a chloisfidh tú chun seans a thabhairt duit an *dá* cheist a ghabhann le gach píosa a fhreagairt.

Fógra

1.

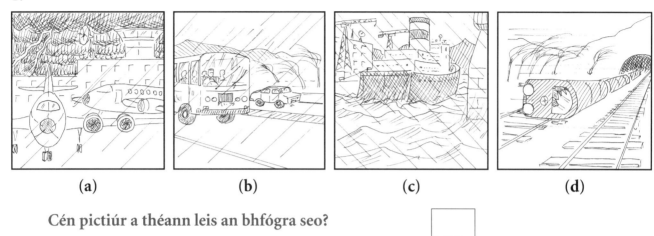

(a)   (b)   (c)   (d)

Cén pictiúr a théann leis an bhfógra seo?

2.   **Cén t-am a imeoidh an t-eitleán maidin amárach?**
   (a) **ar a trí a chlog**
   (b) **ar a cúig a chlog**
   (c) **ar a seacht a chlog**
   (d) **ar a hocht a chlog**

Píosa Nuachta

1.

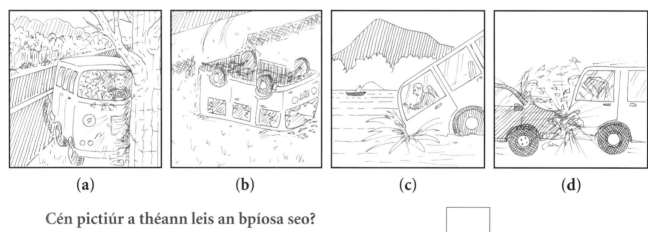

(a)   (b)   (c)   (d)

Cén pictiúr a théann leis an bpíosa seo?

2.   **Cá bhfuil na daoine a gortaíodh anois?**
   (a) **in Éirinn**
   (b) **i veain champála**
   (c) **i bpáirc**
   (d) **san ospidéal**

Cloisfidh tú **dhá** chomhrá sa chuid seo. Cloisfidh tú gach comhrá díobh *faoi dhó*. Cloisfidh tú an comhrá ó thosach deireadh an chéad uair. Ansin cloisfidh tú é ina *dhá mhír* an dara huair. Beidh sos tar éis gach míre díobh chun seans a thabhairt duit an cheist a bhaineann leis an mír sin a fhreagairt.

Comhrá a hAon

1. *An Chéad Mhír*

(a) (b) (c) (d)

Cá bhfuil Nollaig?

An Dara Mír

2. Cad a bhí ina bhéal ag Nollaig?
   - (a) **milseán**
   - (b) **toitín**
   - (c) **píopa**
   - (d) **teirmiméadar**

Comhrá a Dó

An Chéad Mhír

1. Cá raibh Séamas ar a laethanta saoire?
   - (a) **san Ostair**
   - (b) **sa Spáinn**
   - (c) **in Éirinn**
   - (d) **san Eilbhéis**

2. *An Dara Mír*

(a) (b) (c) (d)

Cén pictiúr a théann leis an gcomhrá seo?

CUID A

An Chéad Chainteoir

Is as Éirinn mé I'm from Ireland sa Spáinn in Spain an saol life díreach in aice right beside in aice na farraige beside the sea ag bádóireacht boating caol slim ard tall chomh dubh le gual as black as coal níl mé ag iarraidh I don't want to

An Dara Cainteoir

m'áit dhúchais my native place aer breá folláin fine healthy air daoine deasa cairdiúla nice friendly people plódaithe le turasoirí packed with tourists Is fearr i bhfad liom I much prefer

CUID B

Fógra

eitilt flight mall late an fáth atá leis an mhoill the reason for the delay aerfort airport píolóta pilot feabhas ar an aimsir improvement in the weather de bharr droch-aimsire as a result of bad weather

Píosa Nuachta

gortaíodh was (were) hurt turasóirí tourists timpiste bhóthair road accident san Iodáil in Italy ag taisteal timpeall na hEorpa travelling around Europe veain champála camping van thiontaigh sé bunoscionn it turned upside down ní fios go fóill it is not known yet

CUID C

Comhrá a hAon

a stóirín darling Conas tánn tú? How are you? Conas tá ag éirí leat? How are you getting on? Coláiste Gaeilge Irish College drochscéal bad news go leor le hithe enough to eat go leor codlata enough sleep i dtrioblóid in trouble le cur abhaile (about) to be sent home bhris mé cúpla riail I broke a couple of rules níl aon chead tobac a chaitheamh smoking is forbidden toitín i mo bhéal a cigarette in my mouth Ó a thiarcais! Oh Lord! Ó Dia ár sábháil! God save us! Tá mé náirithe agat You have me mortified

Comhrá a Dó

laethanta saoire holidays sa Spáinn in Spain an t-óstán the hotel ceithre mhíle ón trá four miles from the beach Ó a dhiabhail! Cripes! déistineach disgusting i bhfad róthe far too hot Spáinnis Spanish Dia ár sábháil! God save us!

Súil Siar...

Éist leis an CD arís, ansin líon na bearnaí thíos:

An Chéad Chainteoir

Is _____ Órla Ní Mháille.

Is _____ Éirinn mé.

Is breá _____ an saol anseo.

Tá an teach díreach _____ aice _____ farraige.

Téim ag _____ gach lá.

Téim amach ag bádóireacht ar _____ Satharn i _____ mo charad Manuel.

Tá súile Mhanuel chomh _____ le gual.

mbád
na
liom
as
mise
in
snámh
dubh
an

An Dara Cainteoir

Tá mé ceithre bliana déag _____ .

Is breá liom m'áit _____ .

Ach is _____ liom an samhradh mar bíonn an áit

_____ le turasóirí.

Is _____ i bhfad liom an geimhreadh.

plódaithe
dhúchais
d'aois
fearr
fuath

Dialann Aimsire A Weather Diary

Let's have some fun with the weather by keeping a weather diary.
Why not try your hand at weather forecasting? Each day ask yourself the following questions.
You can make your answers using the phrases and vocabulary below. You may repeat this as many times as you like in your copy.

1. **Conas tá an aimsir inniu?** How is the weather today?
2. **Conas a bhí an aimsir inné?** How was the weather yesterday?
3. **Conas a bheidh an aimsir amárach?** How will the weather be tomorrow?
4. **An raibh an ceart agat?** Were you right? (to be filled in the following day)

Tá an aimsir The weather is Bhí an aimsir The weather was Beidh an aimsir The weather will be	ceart go leor alright go maith good go dona bad an-mhaith very good an-dona very bad go hálainn lovely go huafásach terrible	inniu today inné yesterday amárach tomorrow

Tá sé It's… Bhí sé It was Beidh sé It will be	te hot grianmhar sunny fuar cold bog mild fliuch wet gaofar windy stoirmiúil stormy scamallach cloudy ag cur báistí raining ag cur sneachta snowing	inniu today inné yesterday amárach tomorrow

1. **Conas tá an aimsir inniu?** How is the weather today?

_____

_____

2. **Conas a bhí an aimsir inné?** How was the weather yesterday?

_____

_____

3. **Conas a bheidh an aimsir amárach?** How will the weather be tomorrow?

_____

_____

4. **An raibh an ceart agat?** Were you right?

_____

_____

Cluastuiscint – Súil ar Aghaidh…

Na Contaetha

Familiarity with the names of the Counties will pay dividends in your Junior Cert.
Tick the counties you recognise. Check page 9 if you get stuck.

Corcaigh	☐	Ros Comáin	☐	Sligeach	☐	Gaillimh	☐	Loch Garman	☐
Laois	☐	Maigh Eo	☐	An Mhí	☐	Cill Dara	☐	Dún na nGall	☐
Doire	☐	Liatroim	☐	Ciarraí	☐	An Iarmhí	☐	Ard Mhacha	☐
Tiobraid Árann	☐	Cill Chainnigh	☐	Muineachán	☐	Tír Eoghain	☐
Cill Mhantáin	☐	An Longfort	☐	An Clár	☐	Uíbh Fhailí	☐
Áth Cliath	☐	Aontroim	☐	An Cabhán	☐	Ceatharlach	☐	Luimneach	☐
Fear Manach	☐	Lú	☐	An Dún	☐	Port Láirge	☐

Triail 14: An Aimsir agus Cúrsaí Aimsire

CUID A

Cloisfidh tú giota cainte ó bheirt daoine óga sa chuid seo. Cloisfidh tú gach giota díobh *faoi dhó*. Éist go cúramach leo agus líon isteach an t-eolas atá á lorg sna greillí ag 1 agus 2 thíos.

1.   **An Chéad Chainteoir**

Ainm	*Pádraig Ó Conchubhair*
Cad a cheapann sé faoin aimsir sa tír seo?	
Cá ndeachaigh sé an tseachtain seo caite?	
Conas a bhí an aimsir nuair a d'fhág siad an baile?	
Cad a thosaigh ag titim ag an Ionad Campala?	

2.   **An Dara Cainteoir**

Ainm	*Úna de Barra*
Cár rugadh í?	
Cé a chaill a phost?	
Cá bhfuil sí ina cónaí anois?	
Conas a bhíonn an aimsir sa tír sin?	
Luaigh <u>sampla amháin</u> den aimsir fhuar.	

Cloisfidh tú **fógra** agus **píosa nuachta** sa chuid seo. Cloisfidh tú gach ceann díobh *faoi dhó*. Éist go cúramach leo. Beidh sos ann tar éis gach píosa a chloisfidh tú chun seans a thabhairt duit an *dá* cheist a ghabhann le gach píosa a fhreagairt.

Fógra

1.

(a)   (b)   (c)   (d)

   Cad tá curtha ar ceal?

2.   Cathain a tharla an titim mhór sneachta?
   (a) **oíche aréir**
   (b) **maidin inné**
   (c) **maidin inniu**
   (d) **tráthnóna inné**

Píosa Nuachta

1.

(a)   (b)   (c)   (d)

   Conas a bheidh an aimsir inniu?

2.   Cén teocht a bheidh ann amárach?
   (a) **11°**
   (b) **13°**
   (c) **17°**
   (d) **20°**

CUID C

Cloisfidh tú *dhá* chomhrá sa chuid seo. Cloisfidh tú gach comhrá díobh *faoi dhó*. Cloisfidh tú an comhrá ó thosach deireadh an chéad uair. Ansin cloisfidh tú é ina *dhá mhír* an dara huair. Beidh sos tar éis gach míre díobh chun seans a thabhairt duit an cheist a bhaineann leis an mír sin a fhreagairt.

Comhrá a hAon

An Chéad Mhír

1. Cá bhfuil Gearóid?
   - (a) **in Éirinn**
   - (b) **san Iodáil**
   - (c) **sa Danmhairg**
   - (d) **san Ioruaidh**

2. *An Dara Mír*

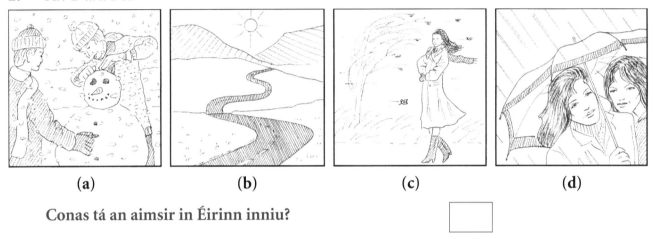

(a)   (b)   (c)   (d)

Conas tá an aimsir in Éirinn inniu?

Comhrá a Dó

An Chéad Mhír

1. Luaigh __dhá__ chaitheamh aimsire a bhíonn ar siúl ag Póilín sa samhradh.

(i) _____

(ii) _____

2. *An Dara Mír*

(a)   (b)   (c)   (d)

Cad a dhéanann Póilín sa gheimhreadh?

Foclóir

CUID A

An Chéad Chainteoir

an cineál aimsire a bhíonn againn sa tír seo the kind of weather we have in this country bhí an ghrian ag spalpadh the sun was beating down clocha sneachta hailstones chomh mór le do dhorn as big as your fist

An Dara Cainteoir

rugadh i gContae Dhún na nGall mé I was born in County Donegal chaill m'athair a phost my father lost his job d'fhág mo theaghlach Éire my family left Ireland i dtuaisceart Cheanada in the north of Canada ar Oileán Victoria on Victoria Island leac oighir gach áit ice everywhere

CUID B

Fógra

ceannaire an chlub sléibhteoireachta the leader of the mountaineering club drochscéal bad news an tsiúlóid sna sléibhte the walk in the mountains curtha ar ceal cancelled de bharr a dhonacht is atá an aimsir because of how bad the weather is tá tuilleadh sneachta geallta more snow is promised

Píosa Nuachta

leathfaidh an bháisteach ar fud na tíre rain will spread throughout the country a mhalairt ar fad de scéal a totally different situation glanfaidh an bháisteach the rain will clear tréimhsí maithe gréine good sunny spells ó bhreacadh an lae from daybreak

CUID C

Comhrá a hAon

shíl mise I thought ag glaoch as Milano calling from Milan an-daor very dear glao a chur áit ar bith ar domhan to call anywhere in the world saor in aisce free of charge tá an ghrian ag scoilteadh na gcloch the sun is splitting the stones

Comhrá a Dó

cúpla nóiméad le spáráil a couple of minutes to spare ag déanamh suirbhé d'iris na scoile doing a survey for the school magazine fuar agus gaofar cold and windy nach tú atá fiosrach? aren't you nosy? níl mé ag siúl amach le héinne faoi láthair I'm not going out with anybody at the moment ar mhaith leat siúl amach liomsa? would you like to go out with me? scabhaitéir rómánsúil romantic devil

Súil Siar...

Éist leis an CD arís, ansin líon na bearnaí thíos:

An Chéad Chainteoir

Is fuath _____ an _____ aimsire

a bhíonn againn sa tír seo.

Chuaigh mé ag _____ an tseachtain seo _____.

Bhí an aimsir go hálainn nuair a _____ me an baile.

Bhí an _____ ag spalpadh.

_____ clocha sneachta _____ titim.

thosaigh
d'fhág
campáil
liom
ghrian
caite
cineál
ag

An Dara Cainteoir

_____ i gContae Dhún _____ nGall mé.

Dhá bhliain _____ shin chaill m'athair _____ phost.

D'fhág mo _____ Éire.

Bíonn _____ oighir gach áit agus bíonn sé

ag _____ sneachta go minic.

leac
theaghlach
Rugadh
cur
na
ó
a

An Bhéaltriail Roghnach
The Optional Oral Exam

Sraith pictiúr
A Series of pictures
(30 marc)

Réamhrá Introduction

This task lasts just **three minutes**! And for *one* of those minutes you don't even have to open your mouth! You spend the *first* minute just looking at a series of four pictures and getting ready to 'tell the story' that 'happens' in the pictures. Then you are given *two minutes* to actually *tell the story* while you continue to look at the pictures. *Now how much can you be expected say in two minutes?*

If you look at the picture-stories, you will notice that there is nothing new about them. They consist simply of old Junior Cert artwork from *written papers*. **In fact preparation done for these oral tasks will help you with your written work – and vice versa!**

The really good news is that while in the *written* exam you can't forecast what will be in the pictures, when it comes to the *oral* exam, YOU ALREADY KNOW! There are only five sets of pictures to prepare, and you will have had them for ages before your oral. And, better still, *you only have to do one of them in the exam.*

The sets of pictures can be grouped as follows:

- **Two of the stories are about receiving an invitation to go somewhere.**
  (Sraith Pictiúr 1 & 2)

Sraith Pictiúr 1

| Pic 1 | Pic 2 (invite) | Pic 3 (note) | Pic 4 (going out) |

Sraith Pictiúr 2

| Pic 1 (Boy at house) | Pic 2 (invite) | Pic 3 | Pic 4 (note) |

- **Two of the stories are about an incident that happened on a 'day out'.**
  (Sraith Pictiúr 3 & 4)

Sraith Pictiúr 3

Pic 1 (Day out)   **Pic 2**   **Pic 3** (incident)   **Pic 4** (resolution)

Sraith Pictiúr 4

Pic 1 (Day out)   **Pic 2** (incident)   **Pic 3**   **Pic 4** (resolution)

- **Finally, one story is about refusing an invitation. (Sraith Pictiúr 5)**

Sraith Pictiúr 5

Pic 1 (Boy at house)   **Pic 2**   **Pic 3** (note/refusal)   **Pic 4**

The best way to prepare these five picture-stories is to see what they have in common. Then, we can devise a system that will allow us to approach each story in a similar way. By doing this we'll make life much easier for ourselves – and guarantee a good haul of marks in the exam!

So what *do* the five sets of pictures have in common? Well…

1. All five stories start with two people in a particular place:

SRAITH PIC 1	SRAITH PIC 2	SRAITH PIC 3	SRAITH PIC 4	SRAITH PIC 5
(Pictiúr 1)	(Pictiúr 1)	(Pictiúr 1–2)	(Pictiúr 1)	(Pictiúr 1)
a boy and girl in a room in a house	a girl opens the door to a boy	a boy and girl walk beside a lake and go swimming	a boy and girl in a Shopping Centre	a boy opens the door to another boy

2. Something happens:

SRAITH PIC 1	SRAITH PIC 2	SRAITH PIC 3	SRAITH PIC 4	SRAITH PIC 5
(Pictiúr 2)	(Pictiúr 2)	(Pictiúr 3)	(Pictiúr 2)	(Pictiúr 1)
an invite is given	an invite is given	the boy gets into difficulty	a child gets lost	the boy asks to talk to 'Aoife'

3. The people in the story react in some way.

SRAITH PIC 1	SRAITH PIC 2	SRAITH PIC 3	SRAITH PIC 4	SRAITH PIC 5
(Pictiúr 2)	(Pictiúr 3)	(Pictiúr 4)	(Pictiúr 3)	(Pictiúr 2)
the girl accepts the invitation	the girl accepts the invitation	a man comes to the boy's rescue	they bring the child to the information desk	Aoife's brother says she is not home

4. The story is wrapped up

SRAITH PIC 1	SRAITH PIC 2	SRAITH PIC 3	SRAITH PIC 4	SRAITH PIC 5
(Pictiúr 3–4)	(Pictiúr 4)	(Pictiúr 4)	(Pictiúr 4)	(Pictiúr 3–4)
the girl writes an email before leaving the house	the girl writes a note before leaving the house	the rescued boy steps back onto dry land	the lost child is reunited with its parents	the boy writes an apology note (refusing an invite) before leaving

The System!

Now for the system: As you can see, all five stories follow a similar pattern.

- Two people in a particular place.
- Something happens.
- The people in the story react to what has happened.
- The story is wrapped up.

Now if we use this pattern to approach each story in a similar way, then it becomes much easier to prepare for this task. In each case we can follow a similar pattern in talking about the pictures: where they were, what they were doing, what they were wearing, what they did, what they said, etc.

If you follow these ten steps for EACH story, you will find that you can do this with ease.

Pictiúr 1

1. **Cá raibh siad?** Where were they?

2. **Cad a bhí ar siúl acu?** What were they doing?

3. **Déan cur síos orthu.** Describe them.

   (You can keep this one for a picture where not much is happening, if you like – see **Sraith Pictiúr 5**)

4. **Déan cur síos ar an áit / ar an aimsir.** Describe the place / the weather.

Pictiúr 2

5. **Cad a tharla? Cad a rinne siad?** What happened? What did they do?

6. **Cé a bhí ann? Cad a rinne siad?** Who was there? What did they do?

7. **Cad a dúradh?** What was said? (This is a handy one for any speech bubbles that crop up in the story, or for putting words into the characters' mouths.)

Pictiúr 3

8. **Cad a tharla ansin?** What happened then?
   (This is where the swimmer gets into difficulty, the child is brought to the information desk, Aoife's brother says that she is not in, etc. Make sure you have the correct **Past Tense Verbs!**)

Pictiúr 4

9. **Conas a chríochnaigh an scéal?** How did the story finish?
10. **Cén giúmar a bhí ar gach duine?** What humour was everyone in?
    (This is an excuse to use the feelings: áthas/ar bharr na gaoithe etc.)

In the pages that follow, you will see the picture stories laid out exactly as they are on the Department of Education exam cards.

Use the sentence generators to help you tell the story in simple Irish. **Choose the phrases that suit you best.** Write out the stories and keep them safe. You'll be glad you did if you find yourself doing the optional Oral exam! In any case, you have greatly improved your knowledge of the Aimsir Chaite!

An Teastas Sóisearach

ARDLEIBHÉAL/GNÁTHLEIBHÉAL

An Bhéaltriail (30 marc)

(roghnóidh an t-iarrthóir sraith pictiúr go randamach)

Sraith Pictiúr 1

Féach ar an tsraith pictiúr atá roghnaithe agat. Tá nóiméad amháin agat chun staidéar agus anailís a dhéanamh ar an tsraith pictiúr seo. Tá dhá nóiméad eile agat chun cur síos a dhéanamh ar an scéal atá sna pictiúir.

Pictiúr 1

Pictiúr 2

Pictiúr 3

Pictiúr 4

Sraith Pictiúr 1

Seo scéal faoi Liam agus Orla. This is a story about Liam and Orla.

Pictiúr 1

1. Cá raibh siad? Where were they?

Bhí Liam agus Orla Liam and Orla were	**sa seomra suí** in the sitting room
	sa bhaile at home **leo féin** by themselves
	ina dteach féin in their own house
Bhí siad They were	**sa teach** in the house

2. Cad a bhí ar siúl acu? What were they doing?

Bhí Liam Liam was	**ag déanamh obair bhaile** doing home work
Bhí Orla Orla was	**ag obair (go dian)** working (hard)
	ag léamh (leabhair) reading (a book)
	ag scríobh (ina cóipleabhar) writing (in her copy)

3. Déan cur síos orthu. Describe them.

Bhí gruaig Liam Liam's hair was	**dubh** black
Bhí gruaig Orla Orla's hair was	**dubh freisin** black also

Bhí siad They were	**ag caitheamh** wearing	**éadaí scoile** school clothes
Bhí Liam Liam was		**geansaí** a jumper **blús** a blouse
Bhí Orla Orla was		**léine** a shirt **carbhat** a tie

4. Déan cur síos ar an áit / ar an aimsir. Describe the place / the weather.

Bhí sé It was	**a cúig a chlog** five o'clock
	luath sa tráthnóna early in the evening

Bhí an seomra The room was	**ciúin** quiet **suaimhneach** peaceful
Bhí an teach The house was	**pioctha néata** neat and tidy

Bhí There was	**pictiúr** a picture **clog** a clock	**ar an mballa** on the wall
	lampa a lamp **leabhair** books	
Bhí There was	**Bhí leabhragán** a bookcase	**ar an mbord** on the table
	teilifís a television	

5. Cad a tharla? Cad a rinne siad? What happened? What did they do?

Ar a leathuair tar éis a cúig At half past five	**chuala Orla** Orla heard **fuair Orla** Orla got	**an teileafón (ag bualadh)** the telephone (ringing) **glao teileafóin** a telephone call

D'fhreagair Orla Orla answered	**an teileafón** the telephone

6. Cé a bhí ann? Cad a rinne siad. Who was there? What did they do?

Bhí (a cara) Aisling (Her friend) Aisling was	**ar an líne** on the line **ag glaoch** calling

Dúirt Aisling Aisling said	**go raibh Bee Movie ar siúl** that Bee Movie was on	**sa phictiúrlann** in the cinema

Thug Aisling cuireadh (chuig an scannán) Aisling gave an invitation (to the film)	**do Orla (agus Liam)** to Orla (and Liam)

Bhí áthas ar Orla Orla was happy	**an cuireadh a fháil** to get the invitation

Ba mhaith le hOrla dul Orla wanted to go	**go dtí an scannán** to the film

Ghlac Orla Orla accepted	**leis an gcuireadh** the invitation

Ach But	**ní raibh Mam agus Daid** Mam and Dad weren't	**sa bhaile** at home **sa teach** in the house **timpeall** around

7. Cad a dúradh? What was said?

"Haigh, a Aisling" "Hi Aisling" **"Cen scéal, a Orla?"** "What's the story?" **"Tá Bee Movie ar siúl anocht sa phictiúrlann."** "Bee Movie is on tonight in the cinema" **"An dtiocfaidh sibh?"** "Will you come?" **"Níl mo thuismitheoirí sa bhaile"** "My parents aren't at home."	**arsa Orla** said Orla **arsa Aisling** said Aisling

8. Cad a tharla ansin? What happened then?

Chuaigh Orla go dtí Orla went to **Las Orla** Orla turned on	**an ríomhaire** to the computer

Scríobh sí She wrote	**ríomhphost** an e-mail	**chuig Mam** to Mam

"A Mham, Tá mise agus Liam ag dul go dtí an phictiúrlann" Dear Mam, Myself and Liam are going to the cinema **"Beimid ar ais timpeall a haon déag."** "We'll be back around eleven eleven"	**a scríobh sí** she wrote

9. Conas a chríochnaigh an scéal? How did the story finish?

Chuir Liam agus Orla Liam and Orla put	**a gcuid éadaí galánta** their 'good' clothes	**orthu** on them

D'fhág Liam agus Orla Liam and Orla left **Shiúil Liam agus Orla** Liam and Orla walked	**an teach** the house **go dtí an stad bus** to the bus stop

Fuair siad an bus They got the bus	**go dtí an phictiúrlann** to the cinema

Bhuail siad le hAisling They met with Aisling	**agus chuaigh siad isteach sa phictiúrlann** and they went into the cinema

10. Cén giúmar a bhí ar gach duine? What humour was everyone in?

Bhí Liam agus Orla **Bhí gach duine** Everyone was	**an-sásta (leo féin)** very happy (with themselves) **ar bharr na gaoithe** 'on top of the world **ag caint agus ag gáire** talking and laughing

Bhí áthas ar 'Happy were'	**Liam agus Orla** Liam and Orla **gach duine** everyone

An Teastas Sóisearach

ARDLEIBHÉAL/GNÁTHLEIBHÉAL

An Bhéaltriail (30 marc)

(roghnóidh an t-iarrthóir sraith pictiúr go randamach)

Sraith Pictiúr 2

Féach ar an tsraith pictiúr atá roghnaithe agat. Tá nóiméad amháin agat chun staidéar agus ainilís a dhéanamh ar an tsraith pictiúr seo. Tá dhá nóiméad eile agat chun cur síos a dhéanamh ar an scéal atá sna pictiúir.

Pictiúr 1

Pictiúr 2

Pictiúr 3

Pictiúr 4

Sraith Pictiúr 2

Seo scéal faoi Liam agus Orla. This is a story about Liam and Orla.

1. Cá raibh siad? Where were they?

Bhí Orla Orla was **Bhí sí** She was	**sa bhaile** at home **sa teach** in the house **léi féin** by herself **i bhfeighil an tí** looking after the house

Chuaigh Liam Liam went **Chnag sé** he knocked **Bhuail sé** He 'hit'	**go dtí teach Orla** to Orla's house **ar an dora**s on the door **an cloigín** the bell

2. Déan cur síos ar an áit / ar an aimsir. Describe the place / the weather.

Bhí an aimsir The weather was **Ní raibh sé** It wasn't **Bhí an ceantar** The area was **Bhí an teach** The house was	**go deas** nice **ag báisteach** raining **ciúin** quiet **pioctha néata** neat and tidy

3. Cad a tharla? Cad a rinne siad? What happened? What did they do?

Chuala Orla Orla heard **Chuala sí** She heard	**cnag ar an doras** a knock on the door **an cloigín (ag bualadh)** the bell (ringing)

Chuaigh sí She went	**amach sa halla** out into the hall

D'oscail sí She opened	**an doras** the door

4. Cé a bhí ann? Who was there?

Bhí Liam Liam was	**ag an doras** at the door **ann (agus é ag gaire)** there (and he was laughing)

Bhí áthas ar Orla Orla was happy	**Liam a fheiceáil** to see Liam

5. Cad a tharla ansin? What happened then?

Lig Orla Liam Orla let Liam **Chuaigh siad** They went into	**isteach sa teach** into the house **isteach sa seomra suí** into the sitting room

Thug Liam cuireadh Aisling gave an invitation	chuig dioscó to a disco	do Orla to Orla

Bhí áthas ar Orla Orla was happy	an cuireadh a fháil to get the invitation

Ghlac Orla Orla accepted	leis an gcuireadh the invitation

Ach But	ní raibh Mam agus Daid Mam and Dad weren't	sa bhaile at home sa teach in the house timpeall around

6. Cad a dúradh? What was said?

"Tar isteach" "Come in" "Suigh síos" "Sit down" Tá dioscó ar siúl anocht sa chlub There's a disco on tonight in the ciclubnema "Tar go dtí an dioscó" "Come to the disco" "An dtiocfaidh tú (go dtí an dioscó)?" "Will you come (to the disco)?" "Ba bhreá liom." "I'd love to." "Ach…" "But…" "Tá fadhb agam." "I have a problem." "Níl mo thuismitheoirí sa bhaile." "My parents aren't at home."	arsa Orla said Orla ar sise said she arsa Liam said Liam ar seisean said he

7. Déan cur síos ar an seomra. Describe the room.

Bhí an seomra The room was	deas nice glan clean néata neat

Bhí There was	teilifís a television	sa seomra in the room
	bord caife a coffee table	
	leabhragán a bookcase	sa leabhragán in the bookcase
Bhí There were	leabhair books	
	vása bláthanna a vase of flowers	ar an mbord on the table
	pictiúr a picture	ar an mballa on the wall

8 . Déan cur síos orthu. Describe them.

Bhí gruaig Liam Liam's hair was Bhí gruaig Orla Orla's hair was	dubh black fionn fair bán blond

Bhí siad They were Bhí Liam Liam was Bhí Orla Orla was	ag caitheamh wearing	éadaí galánta 'good' clothes T-Léine (dubh / bán) a (black / white) T-Shirt sciorta (bán) a (white) skirt bríste deinim denim jeans

Pictiúr 4

9. Conas a chríochnaigh an scéal? How did the story finish?

Fuair Orla Orla got	peann agus páipéar pen and paper

Scríobh sí She wrote	nóta a note	do Mham agus Daid for Mam and Dad dá tuismitheoirí for her parents

D'fhág Liam agus Orla Liam and Orla left	an teach the house

Shiúil Liam agus Orla Liam and Orla walked Fuair siad an bus They got the bus Chuaigh siad They went	go dtí an stad bus to the bus stop go dtí an club to the club go dtí an disco to the disco

10. Cén giúmar a bhí ar gach duine? What humour was everyone in?

Bhí Liam agus Orla Bhí gach duine Everyone was	an-sásta (leo féin) very happy (with themselves) ar bharr na gaoithe 'on top of the world ag caint agus ag gáire talking and laughing

An Teastas Sóisearach

ARDLEIBHÉAL/GNÁTHLEIBHÉAL

An Bhéaltriail (30 marc)

(roghnóidh an t-iarrthóir sraith pictiúr go randamach)

Sraith Pictiúr 3

Féach ar an tsraith pictiúr atá roghnaithe agat. Tá nóiméad amháin agat chun staidéar agus ainilís a dhéanamh ar an tsraith pictiúr seo. Tá dhá nóiméad eile agat chun cur síos a dhéanamh ar an scéal atá sna pictiúir.

Pictiúr 1

Pictiúr 2

Pictiúr 3

Pictiúr 4

Sraith Pictiúr 3

Seo scéal faoi Liam agus Orla. This is a story about Liam and Orla.

1. Cá raibh siad? Where were they?

Bhí Liam agus Orla Liam and Orla were **Bhí siad** They were	**faoin tuath** in the country **ar shiúlóid** on a walk **cois locha** by the lake **sna sléibhte** in the mountains

2. Cad a bhí ar siúl acu? What were they doing?

Bhí siad They were **Bhí an bheirt acu** The two of them were **Bhí Orla** Orla was **Bhí Liam** Liam was	**ag siúl** walking **ag féachaint ar an radharc** looking at the view **ag baint taitnimh as an saol** enjoying life **ag caint** talking **ag éisteacht** listening

3. Déan cur síos orthu. Describe them.

Bhí gruaig Liam Liam's hair was **Bhí gruaig Orla** Orla's hair was	**dubh** black **fionn** fair **bán** blond

Bhí siad They were **Bhí Liam** Liam was **Bhí Orla** Orla was **Bhí an fear** The man was	**ag caitheamh** wearing	**éadaí campála** camping clothes **bróga siúil** walking shoes **seaicéad** a jacket **bríste deinim** denim jeans **seaicéad tarrthála** a life jacket **féasóg** a beard

Bhí Liam agus Orla Liam and Orla were	**ag iompar** carrying	**málaí droma** backpacks

4. Déan cur síos ar an áit / ar an aimsir. Describe the place / the weather.

Bhí an aimsir The weather was **Bhí an áit** the place was **Bhí an spéir** The sky was **Bhí an radharc** The view was **Bhí an ceantar** The area was **Bhí an loch** the lake was	**go deas** nice **ciúin** quiet **gan scamall** cloudless **go hálainn** lovely **dochreidte** unbelievable **dainséarach** dangerous **domhain** deep

Bhí There were	bád a boat fear a man fógra (ag rá 'dainséar') a notice (saying 'danger')	ar an loch on the lake sa bhád in the boat ar an mbruach on the bank

5. Cad a dúradh? What was said?

"Féach ar an loch sin!" "Look at that lake!" "Seo linn ag snámh" "Let's go swimming" "Ach cad faoin bhfógra sin?" "But what about that notice?" "Ná bac leis." "Don't mind it."	arsa Liam said Liam ar seisean said he arsa Orla said Orla ar sise said she

6. Cad a rinne siad ansin? What did they do then?

Chuir Liam agus Nóra Liam and Nora	cultacha snámha swimming togs	orthu on (them)

D'fhág siad a gcuid éadaí They left their clothes	ar an mbruach on the bank

Léim Liam agus Orla Liam and Orla jumped	isteach sa loch into the lake isteach san uisce

Thosaigh Liam agus Orla Liam and Orla started	ag snámh swimming ag spraoi (san uisce) having fun (in the water)

Thosaigh Liam Liam started Thosaigh Orla Orla started	ag snámh swimming	amach sa loch out into the lake go dtí an bád to the boat

7. Cad a tharla ansin? What happened then?

Bhuail crampa A cramp struck Bhuail scanradh Terror struck	Liam Liam é freisin him also

Bhí Liam Liam was Bhí sé He was	i dtrioblóid in trouble i ndainséar mór in (great) danger ag bá drowning i mbaol a bháite in danger of drowning

Chonaic an bádóir The boatman saw Chuala an bádóir The boatman heard	Liam Liam	san uisce in the water ag glaoch calling

8. Cad a dúradh? What was said?

"Cabhair!" "Help!" **"Tá me ag teacht"** "I'm coming!"	**a bhéic Liam** shouted Liam **a bhéic an fear** the man shouted

Thosaigh an fear The man started	**ag rámhaíocht** rowing	**go dtí Liam** to Liam

Pictiúr 4

9. Conas a chríochnaigh an scéal? How did the story finish?

Shroich an fear The man reached **Sheas se** He stood up	**Liam** Liam **sa bhád** in the boat

Rug an fear The man took hold	**ar lámha Liam** of Liam's hands

Tharraing an fear Liam The man pulled Liam	**isteach sa bhád** into the boat

Thosaigh an fear The man started	**ag rámhaíocht** rowing	**go dtí an bruach** to the bank

Shroich an bád The boat reached	**an bruach** the bank

Bhí slua daoine There was a crowd of people	**bailithe** gathered	**ann** there

Tháinig Liam Liam came	**amach** out	**as an mbád** of the boat

Sheas sé He stood	**ar an mbruach** in the bank

Bhí sé He was	**ar ais** back	**ar thalamh thirim** on dry land	**ar deireadh** at last

10. Cén giúmar a bhí ar gach duine? What humour was everyone in?

Bhí Liam **Bhí gach duine** Everyone was	**an-sásta** very happy **ar bharr na gaoithe** on top of the world **ag gáire** laughing

Bhí Liam Liam was **Bhí sé** He was	**fuar** wet **fuar** cold	**ach bhí sé** but he was	**slán** safe

An Teastas Sóisearach

ARDLEIBHÉAL/GNÁTHLEIBHÉAL

An Bhéaltriail (30 marc)

(roghnóidh an t-iarrthóir sraith pictiúr go randamach)

Sraith Pictiúr 4

Féach ar an tsraith pictiúr atá roghnaithe agat. Tá nóiméad amháin agat chun staidéar agus ainilís a dhéanamh ar an tsraith pictiúr seo. Tá dhá nóiméad eile agat chun cur síos a dhéanamh ar an scéal atá sna pictiúir.

Pictiúr 1

Pictiúr 2

Pictiúr 3

Pictiúr 4

Sraith Pictiúr 4

Seo scéal faoi Liam agus Orla. This is a story about Liam and Orla.

1. Cá raibh siad? Where were they?

Bhí Liam agus Orla Liam and Orla were **Bhí siad** They were	**sa bhaile mór** in the town **sa chathair** in the city **san ionad siopadóireachta** in the shopping centre

2. Cad a bhí ar siúl acu? What were they doing?

Bhí siad They were	**ag siopadóireacht** shopping **ag ceannach rudaí** buying things **ag féachaint sna fuinneoga** looking in the windows **ag ceannach bronntanas** buying presents

3. Déan cur síos ar an áit. Describe the place.

Bhí an áit the place was **Bhí an tIonad Siopadóireachta** The Shopping Centre was	**go deas** nice **oscailte** open **gnóthach** busy

Bhí There was	**siopa leictreach** an electrical shop **seodóir** a jeweller's **siopa glasraí** a vegetable shop	**san ionad siopadóireachta** in the shopping centre **ann** there **ann freisin** there too
Bhí There were	**teilifís** a television **raidió** a radio **seinnteoir dlúthdhioscaí** a CD player **a lán clog** a lot of clocks **glasraí** vegetables **torthaí** fruits **binse** a bench **fear** a man	**san fhuinneog** in the window **os comhair an tsiopa** in front of the shop **ar an mbinse** on the bench

Bhí an teilifís The television was **Bhí an seinnteoir dlúthdhioscaí** The CD player was **Bhí an raidió** The radio was	**ochtó euro** eighty euro **caoga euro** fifty euro **an-saor** very cheap **an-daor** very dear

Pictiúr 2

4. Cad a tharla? Cad a rinne siad? What happened? What did they do?

Chuala siad They heard	rí rá agus ruaille buaille a rumpus torann éigin some noise

Chas siad They turned	timpeall around

5. Cé a bhí ann? Who was there?

Chonaic siad They saw Chuala siad They heard	cailín beag ag caoineadh a little girl crying

Bhí cailín beag There was a little girl	ann (agus í ag caoineadh) there (and she was crying)

6. Cad a dúradh? What was said?

"Cad tá ort?" "What's wrong with you?" "Cad a tharla?" "What happened?" "Tá mé caillte!" "I'm lost!" "Cad is ainm duit? What is your name "Bríd is ainm dom." My name is Bríd "Cén aois thú?" What age are you? "Tá mé ceithre bliana d'aois." I am four years of age	arsa Liam said Liam ar seisean said he arsa an cailín beag said the little girl said Orla ar sise said she

7. Déan cur síos orthu. Describe them.

Bhí gruaig Liam Liam's hair was Bhí gruaig Orla Orla's hair was Bhí gruaig an chailín The girl's hair was	fionn fair dubh black gearr short fada long

Bhí siad They were Bhí Liam Liam was Bhí sé He was Bhí Orla Orla was Bhí sí She was Bhí an cailín beag The little girl	 ag caitheamh wearing ag iompar carrying	éadaí galanta good clothes seaicéad deas a nice jacket sciorta a skirt bríste deinim denim jeans bríste stríocach striped trousers geansaí a jumper T-Léine dubh a black T-Shirt bróga siúil walking shoes mála a bag gúna beag a little dress bróga beaga little shoes riteoga tights

140

8. Cad a tharla ansin? What happened then?

Rug Liam agus Orla Liam and Orla took hold	**ar lámha an chailín** of the girls hands

Chuaigh siad They went	**go dtí an deasc eolais** to the information desk

Thug siad They gave	**ainm Bhríd** Bríd's name **aois Bhríd** Bríd's age	**don bhean (ag an deasc)** to the woman (at the desk)

Thóg an bhean The woman took up	**micreafón** a microphone

Rinne an bhean The woman made	**fógra** an announcement

9. Cad a dúradh? What was said?

"Ta cailín beag ag an deasc eolais." "There's a little girl at the information desk." **"Bríd is ainm di."** "Bríd is her name." **"Tá Bríd ceithre bliana d'aois."** "Bríd is four years old." **"Tá sí caillte."** "She is lost."	**arsa an bhean** said the woman

8. Conas a chríochnaigh an scéal? How did the story finish?

Chuala Mamaí agus Daidí Mammy and Daddy heard **Chuaigh siad** They went **Chonaic siad** They saw	**an fógra** the announcement **go dtí an deasc eolais** to the information desk **a gcailín beag** their little girl **Bríd** Bríd

Léim Bríd Bríd jumped	**isteach i lámha Mhamaí** into Mammy's arms

Thug an Daidí The Daddy gave	**fiche euro** twenty euro	**do Liam agus Orla** to Liam and Orla

10. Cén giúmar a bhí ar gach duine? What humour was everyone in?

Bhí Mamaí agus Daidí Mammy and Daddy were **Bhí gach duine** Everyone was	**an-sásta** very happy **ar bharr na gaoithe** on top of the world **ag gáire** laughing

Bhí Bríd Bríd was	**tuirseach** tired	**ach bhí sí** but she was	**slán** safe

An Teastas Sóisearach

ARDLEIBHÉAL/GNÁTHLEIBHÉAL

An Bhéaltriail (30 marc)

(roghnóidh an t-iarrthóir sraith pictiúr go randamach)

Sraith Pictiúr 5

Féach ar an tsraith pictiúr atá roghnaithe agat. Tá nóiméad amháin agat chun staidéar agus ainilís a dhéanamh ar an tsraith pictiúr seo. Tá dhá nóiméad eile agat chun cur síos a dhéanamh ar an scéal atá sna pictiúir.

Pictiúr 1

Pictiúr 2

Pictiúr 3

Pictiúr 4

Sraith Pictiúr 5

Seo scéal faoi Liam, Ruairí agus Aoife. This is a story about Liam, Ruairí and Aoife.

1. Cá raibh siad? Where were they?

Ba é Ruairí Ruairí was	**deartháir Aoife** Aoife's brother

Bhí Ruairí Ruairí was **Bhí sé** He was	**sa bhaile** at home **sa teach** in the house **leis féin** by himself **i bhfeighil an tí** looking after the house

Chuaigh Liam Liam went **Tháinig sé** He came **Chnag sé** He knocked **Bhuail sé** He 'hit'	**go dtí teach Aoife** to Aoife's house **go dtí an doras** to the door **ar an doras** on the door **an cloigín** the bell

2. Déan cur síos ar an áit / ar an aimsir. Describe the place / the weather.

Bhí an aimsir The weather was **Ní raibh sé** It wasn't **Bhí an ceantar** The area was **Bhí an teach** The house was	**go deas** nice **ag báisteach** raining **ciúin** quiet **pioctha néata** neat and tidy

3. Cad a tharla? Cad a rinne siad? What happened? What did they do?

Chuala Ruairí Ruairí heard **Chuala sé** He heard	**cnag ar an doras** a knock on the door **an cloigín (ag bualadh)** the bell (ringing)

D'oscail Ruairí Ruairí opened	**an doras** the door

4. Cé a bhí ann? Who was there?

Chonaic sé He saw	**Liam (ag an doras)** Liam (at the door)

Bhí Liam Liam was	**ag an doras** at the door **ina sheasamh ann** standing there

Bhí áthas ar Ruairí 'Happy was Ruairí'	**Liam a fheiceáil** to see Liam

5. Déan cur síos orthu. Describe them.

Bhí gruaig Liam Liam's hair was **Bhí gruaig Ruairí** Ruairí's hair was	**fionn** fair **dubh** black

Bhí Liam Liam was **Bhí Ruairí** Ruairí was	**ag caitheamh** wearing	**T-Léine dubh** a black T-Shirt **T-Léine bán** a white T-Shirt

6. Cad a dúradh? What was said?

"Dia dhuit, a Ruairí." Hello Ruairí." **"Haigh, a Liam."** "Hi, Liam." **"An bhfuil Aoife istigh?"** Is Aoife in? **"Ba mhaith liom labhairt léi."** "I'd like to talk to her." **"Níl, chuaigh sí amach."** "She's not, she went out."	**arsa Liam** said Liam **ar seisean** said he **arsa Ruairí** said Ruairí **a d'fhreagair Ruairí** Ruairí answered

---

Pictiúr 3

8. Cad a tharla ansin? What happened then?

Fuair Liam Liam got	**peann agus páipéar** pen and paper

Scríobh Liam Liam wrote	**nóta** a note **leithscéal** an excuse	**d'Aoife** for Aoife

9. Cén fáth? Why?

Thug Aoife cuireadh (chuig dioscó) Aoife gave an invitation (to a disco)	**do Liam** to Liam

Bhí áthas ar Liam Liam was happy	**an cuireadh a fháil** to get the invitation

Ba mhaith le Liam dul Liam wanted to go	**go dtí an dioscó** to the disco

Ach But	**ní raibh sé** he wasn't	**ábalta** able	**dul ann** to go

10. Cad a scríobh sé? What did he write?

"Tá brón orm a Aoife…" I'm sorry Aoife **"…ach ní bhéidh mé ábalta dul go dtí an dioscó."** "…but I won't be able to go to the disco." **"Tá orm dul amach le Mam agus Daid."** "I have to go out with Mam and Daid." **"Cad faoi Dé Sathairn?"** "What about Saturday?" **"Tá m'fhón póca briste."** "My mobile is broken." **"Feicfidh me ar scoil thú."** "I'll see you at school."	**a scríobh Liam** Liam wrote **ar seisean** he said **a dúirt sé** he said

---

Pictiúr 4

11. Cad a tharla ansin? What happened then?

Chríochnaigh Liam Liam finished	**an nóta** the note

Thug sé an nóta He gave the note	**do Ruairí** to Ruairí

Thóg Ruairí Ruairí took	**an nóta** the note

12. Cad a dúradh? What was said?

"Tabhair é sin d'Aoife le to thoil." Give that to Aoife please **"Cinnte!"** "Sure!" **"Tabharfaidh mé."** "I will." **"Slán, mar sin."** "Goodbye, so." **"Slán leat."** "Goodbye" **"Tabhair aire."** "Take care."	**arsa Liam** said Liam **arsa Ruairí** said Ruairí **a d'fhreagair Liam** answered Liam **a d'fhreagair Ruairí** answered Ruairí

13. Conas a chríochnaigh an scéal? How did the story finish?

D'fhág Liam slán ag Ruairí Liam said goodbye to Ruairí **Chuir Ruairí slán le Liam** Ruairí said goodbye to Liam	**agus** and	**chuaigh sé abhaile** he went home **dhún sé an doras** he closed the door

Rólghlacadh Role-play – (40 marc)

Réamhrá Introduction

Ever play cops and robbers when you were small? Or **X Men**? Or did you ever run around a football pitch pretending to be **Wayne Rooney** or **Sean Óg Ó hAilpín**?

"AGUS CÚL EILE Ó WAYNE ROONEY!"

Maybe you even shadow-boxed in front of a mirror and convinced yourself you were world champion **Katie Taylor**?

"AN BHFUIL TUSA AG CAINT LIOMSA?"

Well, if you did any of the above, you are already an expert at role play. Role play is where you pretend to be somebody else.

And the nice people in the Department of Education have decided to have you do a role play for your oral exam! There are 40 marks going for this and it is so easy to prepare, you wouldn't believe it!

All you have to do is look at an advertisement! You pretend to be a 'punter' who is interested in whatever is being advertised, and you ask a few simple questions. Then the examiner pretends to the person with all the answers. Your questions can be really simple – like: **"Where is the school?" "What is the telephone number?", "When is the concert on?"** etc. And that's it! Ten questions; four marks per question, *and Bob's your uncle!*

There are **eight role play cards** and you pick one at random in the exam. The cards cover the following topics:

- **An Scoil** School
    - (i) A *fógra* for an Irish College: **Coláiste Bhríde**
    - (ii) A *fógra* for a Community School: **Pobalscoil Áine**

- **Caitheamh Aimsire** Pastimes
    - (i) A *fógra* for a Youth Club: **Club Óige – Baile na hInse**
    - (ii) A *fógra* for a concert: **Ceolchoirm – O2**

- **Laethanta Saoire** Holidays
    - (i) A *fógra* for an a sun holiday in Spain: **Maidrid – Saoire Faoin nGrian**
    - (ii) A *fógra* for a Camp Site: **Lathair Champála**

- **Bia agus Deoch** Food and Drink
    - (i) A *fógra* for a Fast Food Restaurant: **'Mearbhia'**
    - (ii) A *fógra* for Local Shop: **'An Siopa Áitiúil'**

The secret to forming questions...

Now as you go through the role-play cards, you will quickly find that *there are certain questions that keep popping up again and again.* More of that later. In the meantime, here is some help with forming basic questions.

N.B. Remember those question words!

Cad? What?   (also: **Céard?**)

Cá? Where?   (also: **Cén áit? / Cá háit?**)

Cathain? When?   (also: **Cén uair?**)

Conas? How?   (also: **Cén chaoi?**)

Cé? Who?   (also: **Cén duine?**)

Cé mhéad? How much (or How many?)

Using question words:

Examples that will help you with the role play.

Cad? What?

Cad is ainm What is the name	**don scoil** of the school **don bhialann** of the restaurant **don siopa** of the shop **don óstán** of the hotel **don rúnaí** of the secretary	?
Cad é an What is the	**uimhir theileafóin** telephone number **seoladh gréasáin** web address **aoisghrúpa** age group **praghas** price **táille** fee	?

Cá? Where?

Cá bhfuil Where is	**an scoil** the school **an bhialann** the restaurant **an t-óstán** the hotel **an siopa** the shop	?	
Cá bhfuil Where is	**an cheolchoirm** the concert	**ar siúl** on	?

Cén...? What...?

Don't forget all the questions you can make up with 'Cén?'

Cén lá? What day? **Cén t-am?** What time?
Cén dáta? What date? **Cén mhí?** What month?

And don't forget **'Cathain?'** (When?)

Cén lá What day Cén t-am What time Cén dáta What date Cén mhí What month Cathain When	**a thosaíonn an 'X'** does the 'X' start **a chríochnaíonn an 'X'** does the 'X' finish **a osclaíonn an 'X'** does the... open **a dhúnann an 'X'** does the 'X' close	?

Cén lá What day	**a bheidh sé ar siúl** will it be on	
Cén t-am What time		
	a thosóidh sé will it start	?
Cén dáta What date		
Cén mhí What month	**a chríochnóidh sé** will it finish	
Cathain When		

Cé mhéad? How much? / How many?

(a) Cé mhéad? How much?

Cé mhéad atá ar…? How much is…?

	atá ar bhainne is milk
	atá ar bhuilín úll is a loaf of bread
Cé mhéad How much	**atá ar sé úll** are six apples
	atá ar mhianraí are soft drinks
	atá ar phuball don oíche is a tent for the night
	atá ar charbhán don oíche is a caravan for the night

(b) Cé mhéad? How many?

Cé mhéad cúrsa How many courses		**ann** there
Cé mhéad duine fásta How many adults	**atá** are	**sa phraghas** in the price
Cé mhéad páiste How many children		

Conas? How?

Conas tá How's	**na praghsanna sa siopa** the prices in the shop **an bia sa bhialann** the food in the restaurant **an aimsir i Madrid** the weather in Madrid	?

Cé? Who?

Cé hé Who is **Cé hí** Who is	**Liam Ó Sé** **Úna de Bláca**	?

Cé Who	**atá** is **a bheidh** will be	**ag seinm** playing

An...? Is there / Are there?

An mbíonn 'Do there be' **An mbíonn** 'Does there be'	**spórt** sport **ceol** music **cluichí boird** board games **drámaíocht** drama **dioscónna** discos **láthair champála** camping places **turais** trips **tairiscint speisialta** a special offer **praghsanna ísle** low prices	**sa scoil** in the school **sa chlub** in the club **san ait** in the place **sa bhialann** in the restaurant

An bhfuil Is there **An bhfuil** Are there	**halla spóirt** a sport's hall **linn snámha** a swimming pool **páirceanna imeartha** playing fields **saotharlanna** laboratories **seomra cluichí** a games room **ríomhairí** computers **ceaintín** a canteen **a lán áiseanna** a lot of facilities **praghsanna ísle** low prices	**sa scoil** in the school **san óstán** in the hotel **sa cheantar** in the area **sa siopa** in the shop **san áit** in the place	?

An bhfuil Is / Are **An mbeidh** Will (be)	**The Verve** **The Prodigy** **Rage Against** **The Machine** **Blur**	**ag seinm** playing	?

An féidir Is it possible **An bhfuil tú ábalta** Are you able	**rince** to dance **snámh** to swim **dul ar shiúlóidí** to go on walks **sacar a imirt** to play soccer **eitpheil a imirt** to play netball **cispheil a imirt** to play basketball **cluichí boird a imirt** to play board games **ficheall a imirt** play chess **cluichí páirce a imirt** to play field games **spóirt uisce a dhéanamh** to do water sports **drámaíocht a dhéanamh** to do drama **snúcar a imirt** to play snooker	**sa choláiste** in the college **sa cheantar** in the area **san óstán** in the hotel	?

Time to play that role!

Now let's get into character!

Remember: All you have to do is look at the *fógra* and ask ten simple questions. In the following pages, you will find as many as *20 questions* on each *fógra*. Look into the *fógra* for the answers and see how many you can get. **Then forget the answers!**

Your mission, now, is to choose ten questions that you are comfortable with (plus maybe a couple more as back-up!) and practise asking them.

Remember, the questions can be really basic – like, for example: "Cad is ainm don scoil?" "Cá bhfuil an scoil?" etc.

So here goes. The 'Task Card' is on one page and the possible questions are on the facing page. Don't forget to check out the *Most Common Questions* on page 168.

An Teastas Sóisearach

ARDLEIBHÉAL/GNÁTHLEIBHÉAL

An Bhéaltriail (40 marc)

Rólghlacadh

(roghnóidh an t-iarrthóir cárta go randamach)

Scoil

Tasc a haon

Dalta (an t-iarrthóir) ag lorg eolais faoi chúrsa Gaeilge i gcoláiste samhraidh. Labhraíonn an dalta (an t-iarrthóir) leis an múinteoir Gaeilge (an scrúdaitheoir). Cumann an dalta (an t-iarrthóir) ceisteanna bunaithe ar an gcárta seo chun eolas a bhailiú faoi chúrsa Gaeilge i gcoláiste samhraidh:

Coláiste Bhríde
Gaeltacht Chiarraí

Trí chúrsa
Cúrsa A: 01/06/10 – 22/06/2010
Cúrsa B: 24/06/10 – 15/07/2010
Cúrsa C: 17/07/10 – 07/08/2010

Caitheamh Aimsire
Spórt
Ceol
Rince
Snámh
Siúlóidí
Céilí gach oíche

Beir leat uirlisí ceoil agus feisteas spóirt.

Táille €800

Teagmháil
Rúnaí – Liam Ó Sé
Teileafón – 066 34567
Suíomh gréasáin – www.colaistebhride.ie

First of all, get to know the **fógra** by answering these questions.

1. Cad is ainm don Choláiste?

2. Cá bhfuil an coláiste?

3. Cé mhéad cúrsa atá ann?

4. Cathain a thosaíonn cúrsa A?

5. Cathain a thosaíonn cúrsa B?

6. Cathain a thosaíonn cúrsa C?

7. An mbíonn sport ar siúl sa choláiste?

8. An mbíonn ceol ar siúl sa choláiste?

9. An bhfuil tú ábalta rince sa choláiste?

10. An bhfuil tú ábalta snámh sa choláiste?

11. An bhfuil tú ábalta dul ag siúl? / An bhfuil tú ábalta dul ar shiúlóidí?

12. An mbíonn céilí ar siúl? / Cathain a bhíonn céilí ar siúl?

13. An bhfuil cead agam uirlis cheoil a thabhairt liom?

14. An bhfuil cead agam feisteas spóirt a thabhairt liom?

15. Tá feisteas spóirt agam. An bhfuil cead agam é a thabhairt?

16. Cé mhéad atá ar an gcúrsa? / Cad é an táille?

17. Cé he Liam Ó Sé?

18. Cad is ainm don rúnaí?

19. Cad é an uimhir theileafóin? Cén uimhir theileafóin atá aige (ag Liam Ó Sé)?

20. Cad é an seoladh gréasáin?

Now that you know the **fógra** like the back of your hand, you can now choose what questions you would like to prepare yourself. **Remember: you only need 10 questions!** And don't forget to check out the *Most Common Questions* on page 168.

So there you have it!

Choose the questions you want to ask, write them down, and keep them safe. If you do the oral exam, then you can use them with confidence.

Scoil

Tasc a dó

Dalta (an t-iarrthóir) ag lorg eolais faoi Phobalscoil Áine. Labhraíonn an dalta (an t-iarrthóir) le príomhoide na scoile (an scrúdaitheoir). Cumann an dalta (an t-iarrthóir) ceisteanna bunaithe ar an gcárta seo chun eolas a bhailiú faoi Phobalscoil Áine:

Pobalscoil Áine

Ráth Maonais

Baile Átha Cliath

Scoil Chomhoideachais

Rogha Leathan Ábhar

Imeachtaí Eile
Spórt – sacar, eitpheil, cispheil
Cluichí boird – ficheall, beiriste
Díospóireachtaí

Áiseanna
Páirceanna imeartha
Halla spóirt
Linn snámha
Saotharlanna
Lárionad Ríomhairí
Ceaintín

Teagmháil
Rúnaí – Úna de Bláca
Teileafón – 01 398754
Suíomh gréasáin – www.pobalscoilaine.ie

First of all, get to know the **fógra** by answering these questions.

1. Cad is ainm don scoil?

2. Cá bhfuil an scoil?

3. Cá bhfuil Rath Maoinis?

4. Cén sórt scoile ata ann?

5. An bhfuil rogha leathan ábhar ar fáil sa scoil?

6. An mbíonn spórt ar siúl?

7. An féidir sacar a imirt?

8. An féidir eitpheil a imirt?

9. An féidir cispheil a imirt?

10. An féidir cluichí boird a imirt?

11. An féidir ficheall a imirt?

12. An mbíonn díospóireachtaí ar siúl sa scoil?

13. An bhfuil a lán áiseanna sa scoil?

14. An bhfuil páirceanna imeartha sa scoil?

15. An bhfuil Halla spóirt sa scoil?

16. An bhfuil Linn snámha sa scoil?

17. An bhfuil Saotharlanna sa scoil?

18. An bhfuil Ríomhairí sa scoil?

19. An bhfuil Ceaintín sa scoil?

20. Cad is ainm don rúnaí? NÓ: Cé hí Úna de Bláca?

21. Cén uimhir theileafóin atá ag an scoil?

22. Cad é an seoladh gréasáin?

Now that you know what the **fógra** is all about, you can choose what questions you would like to prepare yourself. **Remember: you only need 10 questions!** And don't forget to check out the *Most Common Questions* on page 168.

So there you have it!

Choose the questions you want to ask, write them down, and keep them safe. If you do the oral exam, then you can use them with confidence.

An Teastas Sóisearach

ARDLEIBHÉAL/GNÁTHLEIBHÉAL

An Bhéaltriail (40 marc)

Rólghlacadh

(roghnóidh an t-iarrthóir cárta go randamach)

Caitheamh Aimsire

Tasc a haon

Dalta (an t-iarrthóir) ag lorg eolais faoi bhallraíocht i gclub óige. Labhraíonn an dalta (an t-iarrthóir) le rúnaí an chlub óige (an scrúdaitheoir). Cumann an dalta (an t-iarrthóir) ceisteanna bunaithe ar an gcárta seo chun eolas a bhailiú faoin gclub óige:

Club Óige
Baile na hInse
Daoine Óga idir 12 agus 16

Imeachtaí
Cluichí Páirce
Spóirt Uisce
Drámaíocht
Dioscónna
Snúcar
Beárbaiciú sa Samhradh

Táille Ballraíochta €20
Ar oscailt
Gach oíche
7.00 p.m. – 10.00 p.m.

Tuilleadh eolais
Rúnaí an chlub– Cáit Ní Néill
Teileafón – 065 689324
Suíomh gréasáin – www.cluboigenahinse.ie

First of all, get to know the **fógra** by answering these questions.

1. Cén sórt club é seo?

2. Cá bhfuil an Club Óige?

3. Cad é an aoisghrúpa?

4. An mbíonn a lán imeachtaí ar siúl sa chlub?

5. An féidir cluichí páirce a imirt?

6. An féidir spóirt uisce a dhéanamh?

7. An féidir drámaíocht a dhéanamh?

8. An mbíonn dioscónna ar siúl sa chlub?

9. An féidir snúcar a imirt?

10. An mbíonn beárbaiciú ar siúl sa chlub?

11. Cathain a bhíonn an beárbaiciú ar siúl?

12. Cad é an táille ballraíochta?

13. An mbíonn an club ar oscailt gach oíche?

14. Cén t-am a osclaíonn an club gach oíche?

15. Cén t-am a dhúnann an club gach oíche?

16. Cé hí Cáit Ní Néill?

17. Cad is ainm do rúnaí an chlub?

18. Cad é an uimhir theileafóin?

19. An bhfuil suíomh gréasáin ag an gclub?

20. Cad é an seoladh gréasáin?

Now that you know what the **fógra** is all about, you can choose what questions you would like to prepare yourself. **Remember: you only need 10 questions!** And don't forget to check out the *Most Common Questions* on page 168.

So there you have it!

Choose the questions you want to ask, write them down, and keep them safe. If you do the oral exam, then you can use them with confidence.

An Teastas Sóisearach

ARDLEIBHÉAL/GNÁTHLEIBHÉAL

An Bhéaltriail (40 marc)

Rólghlacadh

(roghnóidh an t-iarrthóir cárta go randamach)

Caitheamh Aimsire

Tasc a dó

Dalta (an t-iarrthóir) ag lorg eolais faoi cheolchoirm. Labhraíonn an dalta (an t-iarrthóir) legníomhaire ticéad (an scrúdaitheoir). Cumann an dalta (an t-iarrthóir) ceisteanna bunaithe ar an gcárta seo chun eolas a bhailiú faoin gceolchoirm:

Ceolchoirm

O2

Blur

Dé hAoine 09/10/10 – 12/10/10

Bannaí Ceoil Taca:
Rage Against the Machine
Kings of Leon
The Prodigy
The Verve
Láthair Champála
€20 ar champáil thar oíche

Ticéid ar fáil:
Ticketmaster
Praghas – €224.50

Tuilleadh Eolais
Teileafón – 0404 98345
Suíomh gréasáin – www.feilebhailephuinse.ie
Caithfidh duine fásta a bheith le déagóirí faoi 17 mbliana

First of all, get to know the **fógra** by answering these questions.

1. Cad tá ar siúl? / Cad a bheidh ar siúl?

2. Cá bhfuil an cheolchoirm ar siúl? / Cá mbeidh an cheolchoirm, ar siúl?

3. Cad is ainm don phríomh-ghrúpa?

4. Cathain a bheidh sé ar siúl?

5. Cén lá a bheidh sé ar siúl?

6. Cén dáta a bheidh sé ar siúl?

7. Cén lá thosóidh sé?

8. Cén lá a chríochnóidh sé?

9. An bhfuil bannaí ceoil taca ag seinm?

10. Cad is ainm do na grúpaí eile? / Cé eile a bheidh ag seinm?

11. An mbeidh Rage Against The Machine ag seinm?

12. An mbeidh Kings Of Prodigy ag seinm?

13. An mbeidh The Prodigy ag seinm?

14. An mbeidh The Verve ag seinm?

15. An bhfuil láthair champála ann?

16. Cé mhéad atá ar champáil thar oíche?

17. Cá bhfuil ticéid ar fáil?

18. Cad é an praghas?

19. Cad é an uimhir theileafóin?

20. An bhfuil suíomh gréasáin ann?

21. Cad é an seoladh gréasáin?

22. Cé a chaithfidh a bheith le déagóirí faoi seacht mbliana déag?

Now that you know what the **fógra** is all about, you can choose what questions you would like to prepare yourself. **Remember: you only need 10 questions!** And don't forget to check out the *Most Common Questions* on page 168.

So there you have it!

Choose the questions you want to ask, write them down, and keep them safe. If you do the oral exam, then you can use them with confidence.

An Teastas Sóisearach

ARDLEIBHÉAL/GNÁTHLEIBHÉAL

An Bhéaltriail (40 marc)

Rólghlacadh

(roghnóidh an t-iarrthóir cárta go randamach)

Laethanta Saoire
Tasc a haon

Dalta (an t-iarrthóir) ag lorg eolais faoi shaoire i Maidrid. Labhraíonn an dalta (an t-iarrthóir) le gníomhaire taistil (an scrúdaitheoir). Cumann an dalta (an t-iarrthóir) ceisteanna bunaithe ar an gcárta seo chun eolas a bhailiú faoi shaoire i Maidrid

---

Maidrid

Saoire faoin ngrian

Óstán
Villa Real

Saoire choicíse – Mí Iúil

Beirt daoine fásta agus beirt pháistí — €3000

Áiseanna
Club do naíonáin
Club do dhéagóirí
Seomra cluichí
Bialann
Teilifís satailíte
Turais eagraithe

Tabhair cuairt ar:
Tarbhchomhrac
agus
Camp Nou

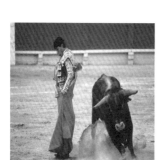

Tuilleadh eolais
Gníomhaire Taistil Uí Néill
Teileafón – 094 98345
Suíomh gréasáin – www.gníomhairetaistiluineill.ie

First of all, get to know the **fógra** by answering these questions.

1. Conas tá an aimsir i Madrid?

2. Cad is ainm don Óstán?

3. Cá fhad a bheidh mé ar saoire?

4. Cén mhí a bheidh an tsaoire ar siúl?

5. Cad é an praghas?

6. Cé mhéad duine fásta atá sa phraghas sin?

7. Cé mhéad páiste atá sa phraghas sin?

8. An bhfuil Club ann do naíonáin?

9. An bhfuil Club ann do dhéagóirí?

10. An bhfuil seomra cluichí san Óstán?

11. An bhfuil bord snúcair sa seomra cluichí?

12. An bhfuil Bialann san óstán?

13. An bhfuil teilifís satailíte san óstán?

14. An bhfuil aon turais eagraithe?

15. An féidir dul go dtí tarbhchomhrac?

16. An féidir dul go Camp Nou?

17. Cá bhfuil tuilleadh eolais ar fáil?

18. Cad is ainm don ghníomhaire taistil?

19. Cad é an uimhir theileafóin?

20. An bhfuil suíomh gréasáin ann?

21. Cad é an seoladh gréasáin?

Now that you know what the **fógra** is all about, you can choose what questions you would like to prepare yourself. **Remember: you only need 10 questions!** And don't forget to check out the *Most Common Questions* on page 168.

So there you have it!

Choose the questions you want to ask, write them down, and keep them safe. If you do the oral exam, then you can use them with confidence.

Laethanta Saoire
Tasc a dó

Dalta (an t-iarrthóir) ag lorg eolais faoi Láthair Champála sa cheantar. Labhraíonn an dalta (an t-iarrthóir) leis an bhfeitheoir (an scrúdaitheoir). Cumann an dalta (an t-iarrthóir) ceisteanna bunaithe ar an gcárta seo chun eolas a bhailiú faoin Láthair Champála:

Láthair Champála

Mín na Leice

Dún na nGall

Áiseanna

Óstán Ghaoth Dobhair
Iascaireacht
Turas báid –Toraigh
Bádóireacht
Dreapadóireacht – An Earagail
Siúlóid – Páirc Ghleann Bheithe
Galf

Táille
Poball – €10 don oíche
Carbhán – €20 don oíche

Teagmháil
Rúnaí – Gearóid Ó Gallchóir
Teileafón – 074 34567
Suíomh gréasáin – www.campailminnaleice.ie

First of all, get to know the **fógra** by answering these questions.

1. Cá bhfuil an láthair Champála?

2. Cá bhfuil Mín na Leice? (Cén contae ina bhfuil Mín na Leice?)

3. An bhfuil a lán áiseanna sa cheantar?

4. An bhfuil óstán sa cheantar?

5. Cad is ainm don óstán?

6. An bhfuil loch sa cheantar?

7. An féidir dul ag iascaireacht?

8. An féidir dul ag bádóireacht?

9. An féidir dul go Toraigh?

10. An bhfuil sliabh sa cheantar?

11. An féidir dul ag dreapadóireacht?

12. An bhfuil páirc mhór san áit?

13. An féidir dul ag siúl?

14. An bhfuil galfchúrsa sa cheantar?

15. An féidir dul ag imirt gailf?

16. Cé mhéad atá ar phuball don oíche?

17. Cé mhéad atá ar charbhán don oíche?

18. Cé Gearóid Ó Gallchóir?

19. Cad is ainm don rúnaí?

20. Cad é an uimhir theileafóin?

21. An bhfuil suíomh gréasáin ann?

22. Cad é an seoladh gréasáin?

Now that you know what the **fógra** is all about, you can choose what questions you would like to prepare yourself. **Remember: you only need 10 questions!** And don't forget to check out the *Most Common Questions* on page 168.

So there you have it!

Choose the questions you want to ask, write them down, and keep them safe. If you do the oral exam, then you can use them with confidence.

Bia agus Deoch
Tasc a hAon

Dalta (an t-iarrthóir) ag lorg eolais faoi bhia gasta. Labhraíonn an dalta (an t-iarrthóir) le húinéir an tsiopa *Bia Gasta* (an scrúdaitheoir). Cumann an dalta (an t-iarrthóir) ceisteanna bunaithe ar an gcárta seo chun eolas a bhailiú faoi bhia gasta:

Mearbhia

Gort

Rogha Leathan
Borgairí
Sceallóga
Sicín
Pizza

Ceiliúir
Do Lá Breithe Linn

Deochanna ar phraghasanna ísle
Mianraí: €1 an ceann

Tairiscint speisialta roimh 8.00 p.m.

Ar oscailt
Dé Luain – Dé Domhnaigh
9.00 a.m.. – 3.00 a.m.

Ordaigh ar líne

Teagmháil
Teileafón – 091 34567
Suíomh gréasáin – www.mearbhia.com

First of all, get to know the **fógra** by answering these questions.

1. Cad is ainm don siopa?

2. Cá bhfuil an siopa?

3. An bhfuil rogha leathan bia ar fáil?

4. An bhfuil borgairí ar fáil?

5. An bhfuil sceallóga ar fáil?

6. An bhfuil sicínar fáil?

7. An bhfuil pizza ar fáil?

8. An féidir dul ann ar mo bhreithlá?

9. Conas tá na praghsanna sa bhialann?

10. An bhfuil praghsanna ísle ar na deochanna?

11. Cé mhéad atá ar mhianraí?

12. An bhfuil aon tairiscint speisialta ann?

13. Cén t-am a stopann an tairiscint speisialta?

14. Cé mhéad lá a bhíonn sé ar oscailt?

15. Cén t-am a osclaíonn sé?

16. Cén t-am a dhúnann sé?

17. An mbíonn se oscailte ar an Satharn? (ar an Domhnach?)

18. An féidir ordú ar líne?

19. Cad é an uimhir theileafóin?

20. Cad é an seoladh gréasáin?

Now that you know what the **fógra** is all about, you can choose what questions you would like to prepare yourself. **Remember: you only need 10 questions!** And don't forget to check out the *Most Common Questions* on page 168.

So there you have it!

Choose the questions you want to ask, write them down, and keep them safe. If you do the oral exam, then you can use them with confidence.

An Teastas Sóisearach
ARDLEIBHÉAL/GNÁTHLEIBHÉAL
An Bhéaltriail (40 marc)
Rólghlacadh
(roghnóidh an t-iarrthóir cárta go randamach)

Bia agus Deoch
Tasc a dó

Dalta (an t-iarrthóir) ag lorg eolais faoin rogha bhia agus dí sa siopa áitiúil. Labhraíonn an dalta (an t-iarrthóir) leis an siopadóir (an scrúdaitheoir). Cumann an dalta (an t-iarrthóir) ceisteanna bunaithe ar an gcárta seo chun eolas a bhailiú faoin rogha bhia agus dí:

An Siopa Áitiúil
Sráid Eoin
Loch Garman

Bia
Torthaí
Glasraí
Arán
Iasc
Feoil

Deochanna
Bainne
Uisce
Mianraí

Ar oscailt seacht lá na seachtaine
9.00 a.m. – 6.00 p.m.
Déanach Dé hAoine
9.00 a.m. – 9.00 p.m.

Praghsanna Ísle
Bainne / €1.00 an lítear
Builín Aráin / 90 cent
6 úll / €1.00

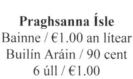

Teagmháil
Teileafón – 053 34567
Suíomh gréasáin – www.siopaaitiuil.com

First of all, get to know the **fógra** by answering these questions.

1. Cá bhfuil an siopa áitiúil? (Cén contae ina bhfuil an siopa?)

2. Cad é an seoladh? Cad is ainm don bhóthar?

3. An bhfuil bia ar fáil sa siopa?

4. An bhfuil torthaí ar fáil sa siopa?

5. An bhfuil glasraí ar fáil sa siopa?

6. An bhfuil arán ar fáil sa siopa?

7. An bhfuil iasc ar fáil sa siopa?

8. An bhfuil feoil ar fáil sa siopa?

9. An bhfuil bainne ar fáil sa siopa?

10. An bhfuil uisce ar fail sa siopa?

11. An bhfuil mianraí ar fáil sa siopa?

12. An bhfuil an siopa ar oscailt gach lá?

13. Cén t-am a osclaíonn an siopa?

14. Cén t-am a dhúnann an siopa?

15. An bhfuil an siopa ar oscailt déanach aon lá? Cén lá?

16. Cén t-am a dhúnann an siopa Dé hAoine?

17. Conas tá na praghsanna sa siopa?

18. Cé mhéad atá ar bhainne?

19. Cé mhéad atá ar bhuilín aráin?

20. Cé mhéad atá ar sé úll?

21. Cad é an uimhir theilieafín??

22. Cad é an seoladh gréasáin?

Now that you know what the **fógra** is all about, you can choose what questions you would like to prepare yourself. **Remember: you only need 10 questions!** And don't forget to check out the *Most Common Questions* on page 168.

So there you have it!

Choose the questions you want to ask, write them down, and keep them safe. If you do the oral exam, then you can use them with confidence.

The Charts! – The Most Common Questions

Finally, here are the Top 6 questions! You will ALWAYS get a chance to use these:

1. **Cad is ainm don…?** What is the name of the…?

2. **Cá bhfuil an…?** Where is the…?

3. **Cé hé/hí 'X'?** Who is "X"?

4. **Cad é an uimhir theileafóin?** What is the telephone number?

5. **An bhfuil suíomh gréasáin ann?** Is there a website?

6. **Cad é an seoladh gréasáin?** What is the web address?

You can use *this next one* in <u>every task</u> EXCEPT in Scoil – Tasc a dó:

7. **Cad é an praghas / táille?** What is the price / fee?
   Cé mhéad atá ar…? How much is / are…?

And you can use questions based on the following structures time and time again:

8. **An bhfuil 'X' ann?** Is there 'X' there?
   An bhfuil "X" sa _____ **?** Is there "X" in the _____?
   An mbíonn "X" sa _____ **?** Does there be "X" in the _____?

9. **Cén t-am a ….?** What time does…?
   Cathain a…? When does…?

10. **An féidir….?** Is it possible to…?

So there you go. It's not rocket science. It's a very 'gettable' 40 marks!

And even if you don't do the Optional Oral exam, you now know how you ask everyday questions in Irish. How bad can that be?

Ceisteanna don Bhéaltriail Roghnach

Seo atá sna **Treoirlínte don Bhéaltriail Roghnach sa Ghaeilge in 2010 agus ina dhiaidh sin** (www.examinations.ie): *"Ba cheart an t-agallamh a bhunú ar rogha chuí as a bhfuil sa Siollabas, i.e. Topaicí, Nóisin, Feidhmeanna, Gníomhaíochtaí (lgh. 13–42)."* Cheal treoracha níos cinnte, thosaigh mé leis na ceisteanna a moladh don *Bhonnleibhéal* agus thóg mé orthu nuair ba ghá.

Ní gá cloí leis na ceisteanna seo <u>*na baol air*</u>*. Ní mhaireann an 'tAgallamh' ach 4/5 nóiméad – mar sin is rogha an-teoranta a chuirfear ag brath ar chumas an dalta.*

Ar ndóigh, is ar leibhéal na cumarsáide a dhéanfar caint an dalta a mheas. Mar shampla, mar fhreagra ar *"Cé mhéad deartháir atá agat?"* seans go bhfreagródh dalta cumasach mar seo: *"Tá triúr deartháireacha agam".*

I gcás dalta níos laige, chuile sheans gur *"Triúr."*, nó *"Trí."* nó b'fhéidir, go deimhin, *"Tá trí."* nó *"Tá mé trí."* a gheofá. (Cá bhfios nach trí mhéar san aer a thaispeánfaí duit – rud a bheadh geall le bheith inghlactha ag leibhéal an Bhonnleibhéil, b'fhéidir!)

Aon duine a chaith seal *mar scrúdaitheoir ar Bhéaltriail na hArdteiste*, beidh seantaithí acu ar bheith 'ag bleán' iarrthóirí neamhchainteacha trí nodanna a thabhairt dóibh i leith ábhair éigin. Mar shampla:

Scrúdaitheoir:	"Cad iad na hábhair staidéir a dhéanann tú?"
Iarrthóir:	Em…
Scrúdaitheoir:	"Gaeilge, Béarla…?"
Iarrthóir:	"Ó, sea! Gaeilge, Béarla, Mata, Fraincis…"

Ag leibhéal an Teastais Shóisearaigh, is mó arís san gá a bheidh lena leithéid, ar ndóigh. Tógaimis an topaic **An Dalta Féin**, mar shampla. Seans go mbeadh ort leithéid *"An bhfuil peata agat?"* a leanacht le *"An bhfuil madra agat? An bhfuil cat agat?"* etc. Arís, i gcás **An Teach**, tharlódh go mbeadh ort *"Cad iad na seomraí atá sa teach?"* a leanacht le leithéid: *"An bhfuil cistin sa teach? An bhfuil seomra folctha sa teach?"* Arís, ag an leibhéal is bunúsaí, tharlódh go mbeadh *"Tá mé cistin."* inghlactha mar chumarsáid.

Le filleadh ar na **Treoirlínte**, moltar an méid seo iontu freisin "Ba cheart *an chuid tosaigh a bhunú ar eispéireas an iarrthóra* maidir lena **g(h)arthimpeallacht** féin agus ar nithe a bhfuil spéis aige/aici iontu. Ba cheart scóip na cainte a leathnú amach ansin de réir a chéile, agus de réir mar a bhraitear an cumas chuige sin san iarrthóir…"

Chuige seo a d'athraigh mé ord na n-aonad – le go bhféadfainn **tosú leis an ngarthimpeallacht**: *An Dalta Féin, An Teach, Poist sa Teaghlach* – ansin bogadh amach go dtí *An Scoil, An Ceantar (Clubanna, Siopadóireacht, An tOspidéal* etc.) Ar aghaidh ansin go dtí *Caithimh Aimsire* agus as sin go dtí *Laethanta Saoire in Éirinn agus thar lear.*

1. **An Dalta Féin:** ● Dia duit… Conas atá tú? (Cén chaoi a bhfuil tú? etc) ● Cad is ainm duit? ● Cén aois tú? ● Cé mhéad deartháir atá agat? ● Cé mhéad deirfiúr atá agat? ● Cad is ainm dó/di/dóibh? ● Cén aois é/í/iad? ● Déan cur síos ar do dheartháir/ar do dheirfiúr. ● An bhfuil sé/sí ard/íseal? ● Cén dath atá ar a g(h)ruaig/ar a s(h)uile?

   ● An bhfuil peata agat? ● Cad is ainm dó? ● Cén dath atá air? ● Cén aois é? ● Cad a itheann sé? ● Cad a ólann sé? ● Cá bhfuair tú/sibh an madra/cat? ● An raibh sé daor?

2. **An Teach**: ● Cá bhfuil tú i do chónaí? ● An bhfuil teach mór/beag agat? ● Cad iad na seomraí atá ann? ● Cad atá i do sheomra leapa ● Cén dath atá ar an mballa? (etc.) ● An bhfuil gairdín agaibh? ● An bhfuil sé mór? ● Cad atá sa ghairdín ● Cé a bhíonn ag obair sa ghairdín?

3. **Poist sa Teaghlach**: ● Cé tá ag obair (sa teaghlach) ● Cén obair a dhéanann siad? ● An bhfuil tú ag obair go páirt-aimseartha? ● An bhfuil an post go maith? ● Cad é an pá?

4. **An Scoil**: ● Cad é ainm na scoile seo? ● Conas a thagann tú ar scoil gach lá? ● An bhfuil do theach in aice leis an scoil? ● Cé mhéad míle atá do theach ón scoil? ● Cad a dhéanann tú nuair a éiríonn tú gach maidin? ● Cé mhéad dalta/múinteoir atá sa scoil? ● An maith leat an scoil? ● Cén fáth? ● Cén t-am a thosaíonn an scoil? ● Cén t-am a bhíonn lón agat? ● Cén t-am a chríochnaíonn an scoil? ● An bhfuil ceaintín/siopa sa scoil? ● Inis dom faoi d'éide scoile? ● An maith leat an éide scoile? ● Cén fáth? ● Cad iad na hábhair a dhéanann tú ar scoil ● Cad é an t-ábhar is fearr leat? ● Cén fáth? ● Cad iad na háiseanna atá sa scoil?

5. **Eagrais agus Seirbhísí**: ● Cá bhfuil tú i do chónaí? ● An maith leat an áit sin? ● Cad a dhéanann na daoine óga anseo? ● An bhfuil club óige ann? ● An bhfuil tusa in aon chlub? ● Cén oíche/lá a dtéann tú ann? ● Cén t-am? ● Cé a théann in éineacht leat? ● Cad eile atá in aice le do theach? ● Cad iad na radhairc atá le feiceáil anseo?

6. **Siopaí agus Siopadóireacht**: ● An bhfuil siopaí in aice le do theach? ● Cén sórt siopaí? ● Cá dtéann tú ag siopadóireacht chun éadaí nua a cheannach? ● An bhfuil siopaí maithe éadaigh anseo? ● Cad é ainm an tsiopa is fearr leat?

● An dtéann tú go dtí bialann go minic? ● Cén bhialann is fearr leat? ● Cad a itheann tú i McDonalds (etc.)? ● An maith leat borgaire/sceallóga/sicín...? ● Cad é an bia is fearr leat? ● An maith leat bia Iodálach/ón Iodáil/Síneach/Indiach…?

7. **Cúrsaí Airgid agus Coigiltis**: ● An bhfaigheann tú airgead póca? ● Cé a thugann airgead póca duit? ● Conas a chaitheann tú d'airgead póca? ● Cad a dhéanann tú don airgead póca? ● An bhfuil cuntas agat sa bhanc? ● Cé mhéad atá agat?

8. **Éadaí agus Faisean**: ● Cén dath is fearr leat? (An maith leat gorm? etc) ● Cén sórt éadaí is fearr leat? ● Cad a chaitheann tú ó lá go lá? (An gcaitheann tú léine…? etc)

9. **Timpistí agus Dainséar**: ● An bhfuil ospidéal sa cheantar seo? ● Cad é ainm an ospidéil? ● An raibh tú riamh san ospidéal? ● An raibh timpiste riamh agat? ● Cad a tharla duit? ● An maith leat ospidéil? ● Ar mhaith leat a bheith ag obair in ospidéal?

10. **An Corp, Sláinte agus Tinneas**: ● Déan cur síos ort féin ● An raibh tú tinn riamh? ● An raibh tú riamh ag an dochtúir? ● Cad a rinne an dochtúir?

11. **Feirmeoireacht agus Tionsclaíocht**: ● An bhfuil feirm agaibh? ● Cé mhéad acra atá ann? ● Cén sórt barraí a chuireann sibh? ● Cén sórt ainmhithe atá agaibh? ● Cé mhéad monarcha atá i do cheantar? ● Cad is ainm do na comhlachtaí?

12. **Caithimh Aimsire**: ● Cad a dhéanann tú ag an deireadh seachtaine? ● Dé Sathairn etc. ● Inis dom faoi chaitheamh aimsire amháin atá. ● An mbíonn dioscó nó damhsa ar siúl anseo? ● An dtéann tú ann? ● Cén t-am a thosaíonn sé? ● Cén t-am a chríochnaíonn sé? ● Conas a théann tú abhaile? ● An mbíonn aon duine leat?

● Cad é an clár teilifíse is fearr leat? ● Cén lá a mbíonn sé ar siúl? ● Cén t-am a bhíonn sé ar siúl? ● Cén carachtar is fearr leat?

● Cén grúpa/banna ceoil is fearr leat? ● An bhfuil a lán dlúthdhioscaí/CD-eanna agat? ● An bhfuil iPod agat? ● Cá bhfuair tú é?

● An raibh tú riamh ag ceolchoirm? ● Cé mhéad a bhí ar an ticéad? ● Cé a chuaigh ann in éineacht leat? ● Conas a chuaigh sibh ann…ar an mbus/ar an traein etc. ● Cén grúpa/duine a bhí ag seinm?… ● An raibh sé go maith?

● An maith leat spórt? ● An imríonn tú spórt ar bith? ● Cén áit? ● Cén lá? ● Cén t-am? ● An bhfuil tú/an fhoireann go maith? ● Ar bhuaigh tú/an fhoireann comórtas/léig/rás craobh…riamh?

13. **Laethanta Saoire:** ● Cad a rinne tú an samhradh seo caite? ● An raibh tú ar saoire? ● Cén áit? ● Cé a bhí in éineacht leat? ● Cá fhad a chaith tú ann (seachtain? mí? etc.) ● Cár fhan tú? ● Conas a bhí an aimsir? ● An raibh tú riamh thar lear? ● Conas a chuaigh tú ann? ● Cé a bhí in éineacht leat? ● Cár fhan sibh? ● Cá fhad a chaith tú sa Spáinn/sa Fhrainc? ● An raibh an bia go deas? ● Cad a d'ith tú ann? ● Conas a bhí an aimsir sa Spáinn/sa Fhrainc (etc.)?

14. **An Aimsir:** ● Conas atá an aimsir inniu? ● Conas a bhí an aimsir inné? etc.

Notaí

Notaí

Notaí

Notaí

Notaí

Notaí

Notaí